FACULTÉ DE DROIT DE L'UNIVERSITÉ DE PARIS

DE LA RÈGLE
"DONNER ET RETENIR NE VAUT"
ET DE SES APPLICATIONS
DANS LE DROIT FRANÇAIS ACTUEL

THÈSE POUR LE DOCTORAT EN DROIT

Présentée et soutenue le 20 mars 1900

PAR

Basile ANTONESCO

Président : M. SALEILLES, *professeur*.
Suffragants { MM. MASSIGLI, *professeur*.
PIÉDELIÈVRE, *professeur*.

PARIS
ANCIENNE LIBRAIRIE THORIN ET FILS
A. FONTEMOING, ÉDITEUR
LIBRAIRE DES ÉCOLES FRANÇAISES D'ATHÈNES ET DE ROME,
DU COLLÈGE DE FRANCE, DE L'ÉCOLE NORMALE SUPÉRIEURE
ET DE LA SOCIÉTÉ DES ÉTUDES HISTORIQUES
4, RUE LE GOFF, 4

1900

THÈSE
POUR
LE DOCTORAT

La Faculté n'entend donner aucune approbation ni improbation aux opinions émises dans les thèses; ces opinions doivent être considérées comme propres à leurs auteurs.

FACULTÉ DE DROIT DE L'UNIVERSITÉ DE PARIS

DE LA RÈGLE
"DONNER ET RETENIR NE VAUT"
ET DE SES APPLICATIONS DANS LE DROIT FRANÇAIS ACTUEL

THÈSE POUR LE DOCTORAT EN DROIT

Présentée et soutenue le 20 mars 1900

PAR

Basile ANTONESCO

Président : M. SALEILLES, *professeur*.

Suffragants { MM. MASSIGLI, *professeur*.
PIÉDELIÈVRE, *professeur*.

PARIS
ANCIENNE LIBRAIRIE THORIN ET FILS
A. FONTEMOING, ÉDITEUR
LIBRAIRE DES ÉCOLES FRANÇAISES D'ATHÈNES ET DE ROME,
DU COLLÈGE DE FRANCE, DE L'ÉCOLE NORMALE SUPÉRIEURE
ET DE LA SOCIÉTÉ DES ÉTUDES HISTORIQUES
4, RUE LE GOFF, 4
1900

TABLE DES MATIÈRES

PREMIÈRE PARTIE

De la règle « Donner et retenir ne vaut » dans l'ancien droit français.

SECTION PREMIÈRE

DEUXIÈME PARTIE

De la règle « Donner et retenir ne vaut » dans le droit actuel.

SECTION PREMIÈRE

CLAUSES CONTRAIRES A LA RÈGLE

SECTION DEUXIÈME

CLAUSES COMPATIBLES AVEC LA RÈGLE

INTRODUCTION

Le Code civil français définit la donation entre vifs : « un acte par lequel le donateur se dépouille, actuellement et irrévocablement, de la chose donnée, en faveur du donataire qui l'accepte » (art. 894).

Pour que la donation puisse produire ses effets, on demande donc au donateur de se dépouiller actuellement, c'est-à-dire conférer immédiatement un droit au donataire sur la chose donnée, de se dépouiller irrévocablement, c'est-à-dire qu'il ne puisse plus, par aucun acte dépendant de sa volonté, reprendre la chose donnée en en retirant le bénéfice au donataire.

Cette condition : dépouillement actuel et irrévocable, tient à l'essence même des donations. Toute donation contenant des clauses contraires est nulle en tout ou en partie. Tels sont les cas prévus par l'article 943 et suivants.

Le donateur qui ne se lie pas sans retour *in instanti* ne se lie pas, disait Bergier[1], et Jaubert prononçait ces mots, dans son rapport au tribunal : « L'irrévocabilité sans laquelle il n'y a pas de donation.... »

Ce caractère des donations entre vifs, consacré par le

1. Bergier sur Ricard, n° 970, note 1, premier volume, p. 249.

Code de 1804, est emprunté au droit coutumier, qui le formulait par la fameuse maxime : « Donner et retenir ne vaut ».

La maxime est encore très souvent employée par les commentateurs et les juristes, quoique la formule n'ait pas passé dans le droit actuel, où elle n'a d'ailleurs plus tout à fait la même acception que jadis.

Quelle était donc l'acception de cette règle dans l'ancien droit français? Quelle est son origine? Quels sont les besoins auxquels elle répond? Quelles en sont les applications dans le droit actuel? Voilà autant de questions que nous nous proposons d'étudier.

Nous diviserons notre travail en deux parties. Dans la première partie, nous étudierons l'origine historique et rationnelle de notre règle, ainsi que ses effets avant la rédaction du code.

Dans la deuxième, nous en exposerons les applications dans le droit actuel.

PREMIÈRE PARTIE

DE LA RÈGLE « DONNER ET RETENIR NE VAUT » DANS L'ANCIEN DROIT FRANÇAIS

SECTION PREMIÈRE

Historique et développement de la règle.

Dans la dernière période du droit coutumier français, la règle : « Donner et retenir ne vaut » a une double signification. La coutume de Paris (art. 274) et la grande majorité des coutumes[1] exigeaient, pour qu'une donation ne soit pas contraire à cette règle :

1) Que le donateur se dépouillât sans retour en ne gardant aucun moyen de reprendre ou de restreindre sa libéralité ;

2) Qu'il se dessaisît de la possession de la chose donnée en faveur du donataire; qu'il lui en fît la tradition avant son décès.

Ricard qui appelle ces deux conditions, l'une tradition de droit[2], l'autre tradition de fait, s'exprime ainsi, là-dessus :

1. Coutumes d'Auvergne (ch. XIX, art. 18-23), d'Orléans (art. 283), d'Auxerre (art. 217), de Sens (art. 108 et 115), de Melun (art. 250), du Nivernais (ch. XVII, art. 2), de Sedan, Normandie. etc.

2. Cette dénomination de tradition de droit a été fort critiquée. Ferrière et

« En effet, la donation n'a point de force contre les « héritiers et les créanciers du donateur, qu'elle ne porte « toutes les marques essentielles d'une véritable donation « entre vifs, faite sans fraude et sans déguisement durant la « vie du donateur, qui consiste particulièrement dans le « dessaisissement actuel de la propriété de la chose donnée, « fait par le donateur, en faveur et entre les mains du dona- « taire : pour à quoi parvenir, il faut non seulement que le « donateur mette son donataire en possession de ce qu'il lui « donne, mais aussi qu'il ne dépende plus de sa volonté de « révoquer la donation, et de la rendre sans effet ; c'est-à-dire « en un mot, qu'il y ait tradition de droit et de fait, qui est « une des règles de notre jurisprudence française[1]. »

Ces *deux* conditions : irrévocabilité et dessaisissement, se retrouvent dans toutes les coutumes.

Il y en a, cependant, qui ne demandent d'une façon formelle que le dessaisissement. Ainsi les coutumes de Péronne (art. 109), de Senlis (art. 211), du Berry (titre VII, art. 1-4), de Chauny (art. 173), de Mantes (art. 150), d'Étampes (art. 146), de Dourdan (art. 73), ne parlent que de la tradition réelle ou feinte, et ne s'occupent nullement (du moins en apparence) des conditions potestatives de la part du donateur. Les commentateurs de ces coutumes se sont chargés de compléter cette lacune. Claude le Caron en commentant l'article 109 de la coutume de Péronne, dit : « Si le donateur réserve la « faculté de pouvoir vendre, en cas de nécessité, et *si tradita*

Pothier ne l'emploient même pas, et Merlin qui s'en sert s'exprime ainsi là-dessus : « On ne voit pas trop sur quoi cette distinction est fondée. Tous les jurisconsultes « romains définissent la tradition : « datio possessionis » et n'en reconnaissent par conséquent qu'une seule espèce, celle que Ricard appelle tradition de fait (*Répert. V° Donat.* sect. v, § 1).

1. Ricard, t. I, n° 898, p. 230.

« *fuerit possessio*, la donation ne vaut ». C'était aussi le sentiment de la Villette[1], autre commentateur de cette coutume. La tradition n'était donc pas suffisante, même dans ces coutumes qui ne parlaient pas de l'irrévocabilité[2].

En sens contraire, on peut citer des coutumes telles que la coutume du Bourbonnais (art. 212 et 213), qui ne demandait formellement que l'irrévocabilité. Mais Auroux des Pommiers[3], le commentateur de cette coutume, ajoute qu'il fallait en même temps « au moins une tradition feinte ou par équi« pollence ».

On peut donc conclure, comme nous l'avons fait plus haut, que toutes les coutumes, d'une façon directe ou indirecte, exigeaient les deux conditions si nettement exprimées dans l'article 274 de la coutume de Paris :

« C'est donner et retenir, quand le donateur s'est réservé « la puissance de disposer librement de la chose par lui « donnée ou qu'il en demeure en possession jusqu'à son « décès. »

Remarquons que dans tout ce que nous venons de dire, nous nous sommes placés dans le dernier état du droit coutumier.

Il n'en fut pas toujours ainsi.

Les deux conditions exigées par les coutumes n'ont pas la même origine, et n'ont pas suivi le même développement. La tradition paraît avoir été la condition qui apparut d'abord,

1. La Villette, sur l'art. 109 de la cout. de Péronne.

2. Ragueau et Thaumas de la Thaumassière écrivant sur les coutumes du duché du Berry, en ont interprété les dispositions dans le même sens (Ragneau : *Les coutumes générales des pays du duché du Berry*, sur le titre VII, art. 1., et Thaumas de la Thaumassière : *Nouveaux commentaires sur les coutumes générales du pays et du duché du Berry*).

3. Sur l'art. 212 de la cout. du Bourbonnais.

l'irrévocabilité ne se fit jour que plus tard, et se développa justement au détriment de la première. Cela s'expliqua d'ailleurs facilement, vu les différences essentielles qui les séparent.

Tandis que l'on peut s'apercevoir, au moment même où se fait la donation, à la seule vue de l'acte, si le donateur a satisfait à la première condition, on peut souvent être forcé d'attendre l'accomplissement de la deuxième jusqu'à la mort du donateur, puisqu'il est possible que la tradition ne s'accomplisse que plus tard par un fait postérieur à l'acte de donation.

Ce que les coutumes exigent, c'est que le donateur « ne « reste pas en possession jusques au jour de son décès ». Jusqu'à ce moment-là le donateur peut donc valider sa donation en faisant tradition de la chose donnée.

M. Albert Desjardins, dans sa remarquable étude sur la règle « Donner et retenir ne vaut », trouve même une contradiction flagrante entre ces deux conditions : « L'une en effet, dit cet « auteur, tend à rendre la donation entièrement irrévocable ; « par l'effet de l'autre, cette même donation, dépourvue de « toute force, est laissée en la main du donateur, qui peut à « son gré la rendre efficace ou inutile, selon qu'il accorde « ou refuse la tradition[1]. »

Quant à l'origine de ces conditions, c'est la tradition, avons-nous dit, qui est la plus ancienne[2].

Si nous nous reportons, en effet, à la première coutume qui contient notre règle, c'est-à-dire à la coutume de Champagne, rédigée en 1224 par ordre de Thiébaut, nous verrons que,

1. Desjardins, *Revue critique*. t. XXXIII, p. 215.

2. A l'origine, on ne trouve nettement exigé que le dessaisissement immédiat (M. Lefebvre à son cours).

dans son article 44, elle exige que le donateur d'une chose non seulement « se devestent par justice et en revestent le donataire par justice » mais encore « qu'ils li quittent et le donnent quanques il i ont, et toutes voies li devestres, retient et en demeure saisis, sans ce qu'il en paie loier, ne nulle redevance à celui à qui aura fait li don, li don ne vaudra rien contre loir dou mort, pourceque par droit commun et par coutume de Champagne, donners et retenir ne vaut ». C'est bien là une règle qui demande la nécessité d'une tradition, d'un dessaisissement de la part du donateur.

Remarquons, d'ailleurs, que cette coutume ne fait aucune innovation, elle ne fait que formuler un état de choses déjà existant ; c'est une nouvelle manière d'exprimer l'idée que les « assises de Jérusalem » et « le livre des assises de la Cour des bourgeois » exprimaient par la formule : « Don ne vaut sans la saisine de la chose[1] ».

On s'aperçoit facilement, en effet, en lisant les commentaires faits par Jean d'Ibelin sur les assises de Jérusalem, que le mot « saisine » est employé dans la formule non seulement pour désigner l'ensaisinement solennel fait par le donateur au donataire, mais encore pour désigner la transmission de la possession matérielle et effective.

« Si, dit-il, un homme donne à un autre tels ou tels cazauz, le donataire a beau être ensaisiné et prester son hommage, s'il n'a la tenure du cazauz, soit parce que le seigneur ne la lui remet pas, soit parce qu'elle est au pouvoir des Sarrasins, une fois le donataire mort, le don qu'il en aura fait en dit ne sera valable ne estable, parce que ce

1. Desjardins, *loc. cit.*, p. 215. — Lesueur, *De la règle « Donner et retenir ne vaut »*, thèse pp. 146 et 159-60. — De Terris, *De la règle « Donner... »*, thèse p. 85.

« n'aura été que promesse ; car le don n'aura été que en dit et « non en fait ; que le don n'est pas parfait qui n'est en fait « que en dit sans fait. »

Nous pouvons donc conclure de ce qui précède que la tradition a été exigée de tout temps par le droit coutumier ; plus encore, que dans les commencements, la tradition seule était nécessaire, car comme le fait remarquer M. Desjardins[1] (après avoir cité plusieurs ouvrages qui ne parlent que de la nécessité de la tradition). Si les mêmes ouvrages, où nous trouvons indiquée et développée avec insistance la nécessité de la tradition, sont muets sur l'interdiction de faire des donations directement ou indirectement révocables, ce silence nous permettra de supposer que, au moment où ils furent écrits, une telle interdiction n'existait pas encore ; qu'à l'origine de l'ancien droit l'une des deux applications de la règle « Donner et « retenir ne vaut » était inconnue[2]. »

D'ailleurs, n'était-il pas naturel qu'il en fût ainsi ? Quel besoin aurait-on eu à se préoccuper des clauses qui permettraient au donateur de détruire ou de restreindre sa libéralité, puisque la donation consistait dans la tradition ; dès lors, comment retenir à soi tout ou partie de la chose donnée, vu que, tout entière, elle était aux mains du donataire, à l'abri des regrets du donateur ?

« Il n'y avait pas de donation sans tradition actuelle, la « donation n'était alors qu'une libéralité et non un contrat, « parce que quand elle était acceptée, tout était consommé

1. Le grand coutumier de Charles VI (liv. II, ch. XXVIII). Les coutumes notoires jugées au Châtelet de Paris (n° 145). La coutume de Champagne, les assises de Jérusalem, en outre les coutumiers anglo-normands : Glanville, Bracton, Britton (Desjardins, *loc. cit.*, p. 227-230).

2. Desjardins, *loc. cit.*, p. 230.

« sur-le-champs et à l'heure même », disait Laurrière[1].

Ce n'est que plus tard, lorsque, à côté de la tradition réelle, on admit ce que l'on appelait la tradition feinte, que la nécessité de l'irrévocabilité se fit sentir[2].

« Dans la suite des temps, dit Ricard[3], la subtilité des juris-
« consultes réduisit la tradition à un pur jeu, en introdui-
« sant les possessions civiles qui s'accomplissent par la voie
« feinte. »

Or, la tradition feinte était insuffisante pour garantir le droit du donataire ; d'autant plus que la promesse de donner était devenue obligatoire, et que les donateurs s'ingéniaient à chercher des clauses qui puissent leur permettre, en cas de repentir, de revenir sur leurs libéralités ou tout au moins de les réduire.

Il arrivait alors que le donataire, par suite d'une tradition feinte qu'on lui avait faite, demeurait souvent, jusqu'à la mort du donateur, privé des avantages réels de la propriété. A la mort de celui-ci, lorsqu'il croyait enfin devenir propriétaire effectif, en vertu de quelque clause insérée dans l'acte, il voyait les héritiers s'opposer à ses droits, ou tout au moins les réduire.

« Ce fut alors que, frappés du caractère précaire des dona-
« tions, les jurisconsultes, et, après eux, les ordonnances,
« poursuivirent avec plus de vigilance et plus de vigueur les
« conséquences du principe de l'irrévocabilité[4]. »

Il n'est pas moins vrai cependant, et on aurait tort de le

1. Introduction à l'art. 13 des coutumes de Paris.

2. « Puis on se relâche de l'exigence de ce dessaisissement, jusqu'à se « contenter d'un dessaisissement presque fictif, tandis qu'on dégage l'idée d'irrévo- « cabilité » (M. Lefebvre à son cours).

3. *Des donat.*, première partie, n° 902.

4. Lesueur, *loc. cit.*, p. 149-150.

contester, que, dès le XIIIe siècle, l'idée d'irrévocabilité existait bien en matière de donation, mais elle n'était pas de son essence.

Ainsi Beaumanoir dans ses *Coutumes de Beauvoisie*, en parlant de la différence caractéristique entre les legs et les donations entre vifs, s'exprime ainsi : « Il y a différence entre les « dons qui sont fet en testament et cix qui sont fet hors de testa- « ment, car il est clerc coze que tout che qui est promis en « testament, soient don ou aumônes ou restitution povent être « rappelées par celi qui fist le testament ou apeticiées ou « creues à sa volonté tant comme il vet mais ce ne pot on fere « des dons que on done ou promet hors de testament, car il « les convient à emplir[1]. » Ce passage a bien l'air de consacrer le principe de l'irrévocabilité, aussi faut-il bien l'étudier afin de le comprendre. Il faut remarquer tout d'abord que lorsque Beaumanoir s'exprime comme ci-dessus, il parle d'une donation pure et simple dans laquelle le donateur ne s'est réservé aucun droit. Or, la donation est un contrat comme un autre, et Beaumanoir, en refusant au donateur la faculté de révoquer à son gré la donation, ne fait qu'appliquer tout simplement le principe que les parties contractantes sont liées par toute convention valablement faite. « Toutes convenances sont à tenir et «par ce dit-on : Convenance loi vaint[2] ». Il en serait autrement si le donateur s'était réservé certains droits. Aussi Beaumanoir ne fait aucune difficulté pour admettre la révocation pour

1. Beaumanoir, *Coutumes de Beauvoisie*, ch. XII, des testaments, n° 39. — Dans le même sens Bouteiller. *Somme rurale*, titre XLV, des donations : « Tels « dons qui si font entre les vifs ne se peuvent rappeler selon les coutumes ». — *Les coutumiers anglo-normands*, Bracton : « Est dare rem accipientis facere cum « effectu, alioquim inutilis erit donatio, quæ irritari poterit et revocari ». — Britton, liv. II, ch. III, n° 1.

2. Beaumanoir, *loc. cit.*, ch. XXXIV, n° 2.

cause d'inexécution des charges, dans une donation « sub « modo » et en général pour toutes les causes sur lesquelles les parties sont convenues. — Beaumanoir admet même la révocation pour d'autres causes que celles que les parties ont pu prévoir. — Bouteiller nous cite quelques-unes de ces causes : « Selon la loi, bien se peuvent en aucune manière rappeler, si « comme après le don fait celuy à qui le don seroit donné fît « au donneur mortel ennuy, si comme de pourchasser sa mort, « de lui férir, de lui accuser ou famer de reproches vilaines ou « de difame, etc.[1] »

Nous pouvons même citer un cas particulier prévu par l'abrégé du livre des assises de la Cour des bourgeois, et rapporté par M. Desjardins[2], qui permet même de faire une donation sous une condition purement potestative : « Une autre « manière de dons, laquel choze a esté faite et ce peut faire, « c'est assaver : celui qui donne son héritage le peut doner à « son rapiau. Rapiau vaut tant à dire que le don que il a fait, « il le peut rapeler et recovrer celui héritage toutes fois que il « vodra et par la court. Et doit dire enci : — Je donne mon « héritage a teil à mon rapiau, par enci que toutes les fois que « il me plaira, je le puisse rapeler le don que je li fais doudit « héritage — Et sachés que ceste manière de don si vaut tant « come celi qi li aura doné le rapele. » — Si le rapiau n'est pas exercé du vivant du donateur il passe à ses enfants légitimes, mais à eux seulement.

Il est vrai qu'on ne peut tirer aucune conséquence de ce cas particulier qui était contraire même aux principes d'alors. « Les donations révocables, c'est-à-dire celles que le donateur « se réserve la faculté de pouvoir directement ou indirectement

1. Bouteiller, *Somme rurale*.
2. *Loc. cit.*, p. 230.

« révoquer et rendre nulles, étaient repoussées par le droit « commun de l'Europe[1]. »

Mais d'une part la révocation pour cause d'inexécution des charges, injures graves, etc., que les auteurs du temps admettent formellement, d'une autre part leur silence au sujet des conditions qui feraient dépendre du donateur le maintien des donations, nous autorisent à dire que, quoique l'irrévocabilité était connue et demandée dès les premiers temps, en matière de donation, elle n'était cependant pas essentielle comme la première condition de notre règle, c'est-à-dire la tradition.

Ce n'est guère que vers le commencement du XVIe siècle, à partir de la première rédaction de la coutume de Paris, et pendant les soixante-dix ans qui précèdent sa deuxième rédaction, que nous voyons rattacher le principe de l'irrévocabilité à la maxime : « Donner et retenir ne vaut », et devenir une condition absolument essentielle à la validité des donations.

Une fois admise, cette idée ne fit que se développer et acquérir une importance de plus en plus grande. Domat ne voyait déjà plus dans notre règle que l'irrévocabilité : « C'est « de ce principe (l'irrévocabilité) que dépend cette règle « commune en cette matière, que donner et retenir ne vaut ; « ce qui signifie que si le donateur retient ce qu'il donne, il « ne se dépouille pas et ne donne point[2] ». Ricard paraît aussi partager cette idée qui fut d'ailleurs consacrée par l'Ordonnance de 1731. « Tout ce que cette maxime signifie, écrivait « d'Aguesseau[3], c'est que le donateur ne peut se réserver, ni « la propriété des choses données dans le temps qu'il la donne,

1. Beugnet, première partie, ch. XXXV, t. II, p. 267, note *u*.
2. Domat, *Lois civiles*, liv. I, titre X.
3. Lettre au parlement de Besançon du 22 mai 1731. *Œuvres de d'Aguesseau*. Édit. Pardessus 1819, t. XII, p. 302.

« ni le droit d'en priver le donataire quand il jugera à « propos. »

C'est à ce même principe que le droit français actuel rattache la règle dont nous nous occupons.

Ce rapide aperçu terminé, passons à l'étude spéciale de chacune des deux idées : tradition, irrévocabilité.

CHAPITRE PREMIER

DE LA TRADITION

Nous venons de voir plus haut que dès les premiers temps du droit coutumier, la tradition avait été exigée comme une condition essentielle à la validité des donations.

Sur quoi était donc fondée la nécessité de cette tradition?

Charondas le Caron nous dit en parlant sur l'article 273 de la coutume de Paris : « La raison d'icelui et du 274 est que « celui qui a donné, s'il se réserve la jouissance de la chose « donnée, ou demeure en possession d'icelle jusques à son « décès, est réputé se repentir de la donation et la révoquer, « ou n'avoir fait icelle que par simulation, comme si du « commencement autre eût été son intention. »

D'Argentré de son côté, commentant l'article 228, de la coutume de Bretagne, s'exprime ainsi sur la nécessité de cette tradition : « Est enim retentio, præsertim diuturna, testis « non tam pœnitentiæ post actum, quam simulati actus « ipsius, veluti initio aliud actum sit ».

Le fait de n'avoir point fait tradition de la chose faisait naître une présomption de repentir de la part du donateur, ou bien, ce qui est plus probable, prouvait que la donation cache un acte simulé.

Ricard exprimait ainsi cette idée : « La tradition fait comme « le sceau et la vérification de la donation, afin qu'il paraisse

« qu'elle a été faite sincèrement et sans dissimulation[1] ».

Dans les commencements, la tradition devait être non seulement réelle et effective, mais encore accompagnée d'un ensaisinement solennel. « Néanmoins, dit Ricard, on reconnaît par « les anciennes coutumes, que les seigneurs, par leur autorité, « avaient tellement établi la nécessité de la saisine, que les « donataires qui avaient été mis actuellement en possession, « n'en étaient pas dispensés[2] ».

La coutume de Champagne exigeait non seulement que l'on fasse l'abandon de la chose donnée, mais en plus « qu'ils s'en « devestent par justice et l'en revestent par justice », de même les assises de Jérusalem, dans leur formule : « Don ne « vaut sans la saisine de la chose », demandent en outre de la tradition un ensaisinement solennel fait par le donateur au donataire.

Quant à l'établissement de cet usage, il remonte au droit germanique. D'après les lois franques, le donateur devait accomplir des formalités symboliques pour faire la tradition de son bien au donataire, qui en prenait possession ensuite. « Le donateur se devestait en présence du juge au malberg, « pour vestir le donataire; le premier devait déguerpir et « délaisser l'objet donné dont il transférait la saisine au « second[3] ».

Le droit féodal conserva les cérémonies symboliques de la tradition germanique, et exigea aussi le devest actuel du donateur. Les seigneurs prétendaient en qualité de propriétaires primitifs de tous les biens situés dans le territoire de leur seigneurie, avoir tout au moins, en les inféodant, conservé le

1. Première partie, n° 901.
2. Ricard, première partie, n° 912.
3. D'Espinay, *La féodalité et le droit civil français*, p. 298.

domaine direct. De là les feudistes avaient conclu que le vassal, en donnant, est censé remettre la possession de ses biens au seigneur; en sorte que le donataire était obligé d'en obtenir l'investissement.

Pour la transmission des fiefs par donation, il fallait que le vassal se devestît en présence du seigneur féodal qui donnait l'investiture à son nouveau feudataire et le mettait en possession. Il en était de même pour les rotures; le donateur transmettait son bien au donataire, avec le concours du seigneur foncier dans le territoire duquel les immeubles étaient situés. Le tribunal du seigneur féodal ou foncier avait remplacé le malberg, mais le symbolisme de la tradition était toujours resté à peu près le même.

Toutes ces formalités n'avaient pas lieu, il faut le dire, sans le paiement de certains droits et profits tels que le profit de rachat, le droit de relief. — Or, des abus étaient bien souvent commis par les seigneurs qui demandaient des droits énormes, et même il leur arrivait quelquefois de garder pour eux la jouissance des biens donnés. « Les feudistes reconnais- « saient bien qu'au point de vue d'un droit juste et équitable « cette rétention était mal fondée, mais n'osant ni critiquer « les prétentions des seigneurs, ni favoriser ouvertement « celles plus légitimes des donataires, ils se contentaient de « dire en ce cas que l'héritage echêt et gît[1]. »

Ces abus provoquèrent une sorte de lutte contre les principes féodaux et les légistes finirent par faire prévaloir le respect dû aux conventions à l'encontre des exigences seigneuriales. Grâce à leur influence, un grand nombre de coutumes finirent par ne plus exiger l'ensaisinement, se con-

1. Lesueur, *op. cit.*, p. 165-166.

tentant d'une simple tradition, pourvu que cette tradition fût réelle et effective.

« Mais enfin nos coutumes ayant été réformées avec plus de « liberté, et la solennité de la saisine ayant été jugée inutile « et scrupuleuse, au cas que le nouvel acquéreur fût dans le « dessein d'appréhender la possession de fait, la plupart de « nos coutumes ont commencé à dire, comme fait encore celle « de Senlis en l'article 212, que « l'appréhension de fait « valait saisine »; et les autres comme Paris (art. 82) « que « personne ne prend saisine qui ne veut » ; en conséquence « de quoi le donateur livre aujourd'hui la chose donnée par la « seule parole, et le donataire en peut prendre possession de « sa propre autorité[1] ».

Mais qu'est-ce qu'on entendait exactement par tradition réelle? Voici comment Pothier la définit : « C'est lorsque je « fais passer une chose mobiliaire de ma main en celle d'un « autre, dans la vue de lui en abandonner la possession, ou « que dans la même vue, je déloge d'une maison ou d'un « héritage en faveur d'un autre qui y entre à ma place[2] ».

Quant à la manière dont cette tradition se réalisait, « il en « est parlé, dit Ricard, dans les anciennes formules com- « posées par le moine Marculphe. Il établit qu'elles se peuvent « faire, per ostium, de ipsa casa, vel per herbam et cespitem, « per festucam atque andilagium, etc.[3] ».

Petit à petit, un second pas fut fait, suivant en cela l'exemple de toutes les législations qui commencent à être formalistes, puis insensiblement se relâchent de leur rigueur[4], le droit

1. Ricard, première partie, n° 912.
2. Pothier, *Traité des donat.*, sect. II, art. 2.
3. Ricard, première partie, n° 909.
4. C'est toujours la réalité qui commence, la fiction vient comme un adoucisse-

coutumier, sous l'influence de la renaissance du droit romain, finit par admettre à côté des traditions réelles, les traditions feintes[1].

« Cette dernière espèce de tradition était d'abord inconnue « dans notre droit coutumier primitif, où l'on n'admettait » d'autre tradition que la tradition réelle. Mais lors de la « réformation des coutumes, ceux qui étaient préposés à cet « effet, imbus des maximes du droit romain, dont l'étude « commençait pour lors à reprendre vigueur, y ont introduit « à l'instar des lois romaines, les traditions feintes par la « clause de constitut, de précaire ou par la rétention d'usu- « fruit[2] ».

Aux XVIe et XVIIe siècles, la tradition feinte est presque communément admise.

« La plupart de nos coutumes sont aujourd'hui plus de « droit que de fait, de sorte que la translation de la propriété « et de la possession y a été rendue dépendante de la volonté « des parties, sans qu'il soit besoin, pour cet effet, de saisine « et de nantissement ou des autres formalités qui étaient « autrefois nécessaires pour signifier la nouvelle possession « de quelqu'un, ni de l'appréhension de fait comme de pren- « dre un gazon de terre, un rameau d'arbre ou autrement.

« Ces coutumes se contentent, à présent, que la propriété et « la possession de droit soient transférées au donataire; per- « mettant au surplus que le donateur retienne une possession « précaire et jouisse de la chose donnée par usufruit[3]. »

ment, comme un moyen d'éluder une nécessité de droit quand celle-ci ne répond plus à un besoin de la pratique (Desjardins, *op. cit.*).

1. Les coutumes de Bourges (rub. IX, art. 2), d'Étampes (art. 146), de Dourdan (art. 93) disent formellement que la tradition feinte vient du droit romain.

2. Sallé, *L'esprit des ordonnances de Louis XV*, p. 30.

3. Ricard, *loc. cit.*, première partie, n° 903.

Il y avait, cependant, quelques coutumes qui « retenant « l'image de cette grande réalité, ne se contentent pas pour « empêcher l'effet de la rétention, qui détruit la tradition du « donataire, de la possession précaire et de la rétention d'usu- « fruit de la part du donateur[1] ».

Les coutumes sont différentes, nous dit Pothier, sur la qualité de la tradition. « Il y en a qui en demandent une solen- « nelle sous différents noms.

« D'autres demandent une tradition réelle et ne recon- « naissent point pour valables les donations dans lesquelles « il n'est intervenu qu'une tradition feinte, telle que celle « que l'on induit de la rétention d'usufruit. D'autres enfin, « comme celles de Paris et d'Orléans, admettent la validité « des donations, soit que la tradition ait été réelle, soit qu'elle ait été feinte[2]. »

Nous avons donc dans une première classe les coutumes qui en outre d'une tradition réelle ou feinte demandent un ensaisinement préalable.

En font partie les coutumes : de Chaumont-en-Bassigny (art. 76), de Vitry-le-François (art. 111), d'Amiens (art. 53, 54 et 137), de Reims (art. 231), de Laon (art. 53 et 54), de Sedan (art. 109), de Noyon[3] (art. 39).

Dans une deuxième classe, on compte les coutumes qui demandaient bien un ensaisinement en cas de tradition feinte, mais qui considéraient la tradition réelle comme suffisante à elle toute seule. Telles sont les coutumes : de Senlis (art. 212),

1. Ricard, *loc. cit.*, première partie, n° 904.

2. Pothier, *Des donat.*, sect. II. art. 2 § 1, t. XXIII, p. 49.

3. Voir un curieux arrêt rapporté par Denizart, t. IV, p. 816, aux mots : « vest et devest ». — Les juges du bailliage de Noyon considèrent qu'une simple clause de vest et devest insérée dans l'acte n'est pas suffisante. — La sentence fut rejetée par un arrêt de la première Chambre des enquêtes du 23 mai 1767.

de Gerberoy (art. 88), de Clermont-en-Beauvoisie (art. 127), du Valois (art. 130), d'Anjou (art. 345 et 429), du Maine (art. 357, 444). Ces deux premières classes appelées, coutumes de saisine et de nantissement, étaient exceptionnelles, comme le fait remarquer Ricard, elles exigent des singularités que la majorité des coutumes ne demandent pas[1].

Reste une troisième classe qui forme le droit commun et qui se contente simplement d'une tradition réelle ou feinte.

En font partie, les coutumes de Paris dont l'article 275 était ainsi conçu : « Ce n'est donner et retenir quand l'on donne la « propriété d'aucun héritage, retenu à soi l'usufruit à vie où « à temps ou quand il y a clause de constitut ou précaire, et « vaut telle donation »; en outre les coutumes : d'Orléans, (art. 284), d'Étampes (art. 146), de Dourdan (art. 93), de Montfort-l'Amaury (art. 153) de Normandie (art. 446), de Blois (art. 169), de Troyes (art. 137), de Melun (art. 271), etc.

Voyons, maintenant, qu'est-ce que l'on entend par tradition feinte et de quelles manières elle pouvait être faite.

Ferrière[2] dans ses commentaires sur la coutume de Paris, définit la tradition feinte : « Celle qui se fait par une fiction « de la loy, laquelle feint que la tradition a été faite, que la « donataire possède la chose en qualité de maître, et que le « donateur qui la détient ne la possède qu'au nom du dona- « taire, en vertu de quelque clause apposée au contrat de « donation ».

Pothier, d'une façon plus générale, appelle tradition feinte « toutes les manières de faire passer à quelqu'un la possession

1. Lorsque Ricard dit que ces deux classes sont exceptionnelles, il entend parler de son temps, car comme nous l'avons vu deux siècles auparavant, cela était la règle générale (Ricard, n°s 913 et 914).

2. Sur l'art. 275 de la coutume de Paris, n° 2.

« d'une chose sans qu'il intervienne de tradition réelle[1] ».

Pour que la tradition feinte produise les mêmes effets que a tradition réelle, il fallait, bien entendu, qu'elle fût faite de bonne foi, sans aucune apparence ou présomption de fraude, autrement « la donation court fortune d'être cassée quand la « tradition réelle n'est pas intervenue[2] ».

Une question très discutée dans l'ancien droit était celle de savoir si ce genre de *tradition* pouvait avoir lieu dans les donations de meubles.

Dans une première opinion, Duval (dans son Traité 2, « de Rebus dubiis ») pense que la tradition par voie feinte, par rétention d'usufruit, constitut, précaire ou autrement, n'est pas suffisante en donation de meubles. Les meubles n'ayant pas de suite, le donateur aurait pu facilement révoquer ou diminuer sa donation, soit en substituant à ces meubles d'autres de minime valeur, soit en soustrayant une partie d'entre eux.

Dans une autre opinion, on soutient, au contraire, que la tradition feinte, pas plus que la tradition réelle, ne sont nécessaires pour la validité d'une donation mobilière, parce que leur possession « n'est pas considérable, et que les « créanciers que la tradition regarde particulièrement, n'ont « pas pu s'assurer en contractant, sur les meubles qu'ils « voyaient en la possession de leur débiteur, vu qu'ils pou- « vaient en un moment passer par un simple déplacement en « une autre main, et ainsi perdre leur gage ».

1. Pothier, *loc. cit.*, sect. II, art. 2, § 1, t. XXIII, p. 50.

2. De Lalande, Sur l'art. 284 de la cout. d'Orléans, n° 8. — Godefroy disait aussi en commentant la cout. de Normandie : « Au fait contentieux je fais doute de « prendre toutes les traditions feintes pour vérité, si nonobstant icelles, le donateur « est trouvé possesseur lors de son décès, parce que, la disposition de notre cou- « tume est expresse en ce regard » (Sur l'art. 444).

Ricard[1] qui expose les deux opinions ci-dessus les rejette toutes les deux :

« La raison sur laquelle est fondée l'opinion de M. du Val, « n'est nullement décisive : car quoique la maxime, que « meubles n'ont pas de suite, soit véritable, il la faut « entendre dans son espèce, qui est lorsque le possesseur et « propriétaire tout ensemble, les a mis hors de ses mains ; « mais non pas lorsque celui qui les tenait à titre de pré- « caire ou qui que ce soit qui les possédait au nom d'autrui, « les a mis en possession d'un autre que celui auquel la pro- « priété en appartenait, en ce cas il n'y a pas de doute « que le propriétaire a droit de suite et de revendication « contre ceux qu'il trouve saisis de son bien ». Le danger que craignait Duval n'existe donc pas, puisque si le donateur voulait abuser de la possession précaire qui résulte pour lui de la tradition feinte le donataire aurait droit de l'en empêcher par l'action en revendication qui lui appartient.

Quant à la deuxième opinion, Ricard fait remarquer, avec juste raison : d'abord, que la tradition ne regarde pas seulement les créanciers mais encore les héritiers, et ensuite que même à l'égard des premiers, sa raison ne porte pas, vu qu'il est certain que lorsque les créanciers contractent avec leurs débiteurs, ils considèrent aussi bien leurs meubles que leurs immeubles « cum nemo jactare suum presumitur ». « Nous « voyons des marchands avoir crédit dans le public, pour des « sommes immenses, quoiqu'ils ne possèdent pas le moindre « fond ».

Voici maintenant l'opinion même de ce célèbre jurisconsulte :

1. Voir sur toute cette matière Ricard : *Traité des donat.*, première partie, n° 958 et suivants, p. 244-245.

« Je crois que ces deux opinions qui tombent dans les « deux extrémités, ne sont pas véritables ; mais qu'il faut « suivre nos coutumes à la lettre, lesquelles requérant la tra- « dition par voie réelle ou feinte, et se contentant aussi alter- « nativement de l'une ou de l'autre, sans distinguer les « meubles ni les immeubles, elles doivent s'entendre des « donations de toutes espèces de biens. Aussi ai-je en ma « faveur la disposition du droit écrit, qui porte en la loi 4 D., « de precario, que in rebus etiam mobilibus precario rogatio « consistit ».

En conséquence, il s'agit tout simplement de suivre les coutumes à la lettre. Si le texte d'une coutume ne fait pas de distinction entre les meubles et les immeubles, il ne faut pas en faire non plus, lorsqu'il s'agit de la tradition ; si par contre cette distinction était faite, il fallait suivre les dispositions du texte. Ainsi nous pouvons citer la coutume de Sedan (art. 115) qui exigeait formellement une tradition réelle en matière de meubles : « Les donations de meubles ne sont point valables « sans la tradition et délivrance réelle et actuelle de la « chose » et d'autres coutumes telles que celles d'Étampes (art. 146) et de Montfort-l'Amaury (art. 153), s'expliquent sur la tradition feinte à propos des seuls immeubles.

Remarquons cependant que toutes les fois que la tradition feinte pouvait être appliquée aux meubles, il était absolument requis que le contrat de donation en contienne une description, ou qu'il en soit fait un inventaire séparé « d'autant que « la tradition demeurerait imparfaite, si les choses données « étaient incertaines, incerta enim pars nec tradi, nec usucapi « potest», et puis en outre « parce que les meubles n'étant « pas fixés en un lieu et n'ayant pas d'assiette permanente, « l'obligation de les conserver au donataire pourrait être

« facilement éludée, et dépendrait de la volonté du donateur « qui les aurait retenus en sa garde; ce qui serait contraire « à la nature des donations entre vifs, qui doivent être « irrévocables et certaines[1] ».

Cette façon de voir fut consacrée définitivement par l'Ordonnance de 1731, qui en son article 15 disait : « Si elle (la « donation) renferme des meubles ou effets mobiliers, dont « la donation ne contienne pas une tradition réelle, il « en sera fait un état signé des Parties, qui demeurera « annexé à la minute de ladite Donation, faute de quoi le « donataire ne pourra prétendre aucuns desdits meubles « ou effets mobiliers, même contre le donateur ou ses héri- « tiers ».

Ainsi donc même en matière de meubles, la tradition feinte était admise.

Avant de passer à l'examen des diverses manières dont pouvait être opérée la tradition feinte, nous devons résoudre une question d'assez grande importance.

Lorsqu'une coutume ne parle que de certaines manières d'opérer la tradition feinte, faut-il considérer ces manières comme limitatives, ou bien faut-il tout simplement les considérer comme insérées à titre d'exemples?

Ainsi, lorsque l'article 275 de la coutume de Paris parle de rétention d'usufruit, constitut et précaire, entend-il n'autoriser que ces trois espèces de tradition feinte, ou bien n'est-ce qu'à titre d'exemples qu'il les cite?

Il y avait bien quelques coutumes telles que celles de Reims (art. 229) et de Châlons (art. 64) qui expliquent bien que les citations faites ne sont qu'à titre d'exemples; mais la

1. Ricard, n° 963-63; dans le même sens Ferrière, sur l'art. 275 de la cout. de Paris, n°s 8 et 10; Sallé, p. 53, sur l'art. 15 de l'Ordonnance de 1731.

majorité des coutumes ne s'expliquaient nullement là-dessus.

Ricard, après avoir examiné la question, croit que les coutumes qui ont admis, d'une façon expresse, quelques espèces de tradition feinte ont voulu recevoir en général toute sorte de tradition de cette nature. L'usage de ces traditions par voie feinte, étant emprunté au droit romain, il est naturel de se rapporter à ce droit, et d'admettre toutes les manières d'opérer que ce droit autorise.

D'ailleurs il faut remarquer que lorsque l'on quitta la nécessité des traditions réelles, on ne retint les traditions par voies feintes que pour ne pas tomber tout à fait d'une extrémité dans l'autre. Ces traditions ne sont donc que des subtilités de forme qu'il faut faciliter tant que l'on peut[1].

L'opinion de Ricard, confirmée par un arrêt[2] donné en l'audience de la grande Chambre le 1er août 1652, fut universellement[3] admise.

La tolérance des coutumes s'étendait donc même aux cas dont elles ne faisaient pas une mention expresse ; mais on décidait d'après le même raisonnement qu'à l'inverse les coutumes qui excluaient un mode de tradition feinte les excluaient tous.

« Par la raison contraire, il s'ensuit qu'encore que la cou-
« tume de Senlis, en l'article 212, ne rejette précisément des
« traditions par voies feintes que la rétention d'usufruit, les

1. Ricard, première partie 942.

2. Cet arrêt confirme une donation, en laquelle il n'y avait pour toute tradition qu'une constitution de précaire, encore qu'elle fût composée de biens situés dans les coutumes du Nivernais et du Berry qui ne parlent que de la rétention d'usufruit, pour tradition par voie feinte et nullement du constitut ou précaire (*Dictionnaire des arrêts ou Jurisprudence universelle des parlements de France*, par Jacques Brillon, t. II. *Donat*, n° 240, p. 814).

3. Ferrière, Pothier, Buridan.

« autres en doivent être semblablement exclues[1] », dit Ricard.

La façon la plus usitée dans les donations pour opérer la tradition feinte était, sans contredit, la rétention d'usufruit. Elle consistait dans une fiction en vertu de laquelle le donateur est censé avoir livré la chose, *donationis causa*, au donataire, qui la lui rendait à titre d'usufruitier; « car, comme « un usufruitier ne possède pas la chose dont il a l'usufruit « comme chose à lui appartenante, mais comme la chose « d'autrui, il ne la possède pas en quelque façon, et c'est « celui de qui il la tient à usufruit qui la possède par lui; « d'où il suit que le vendeur ou donateur, en se rendant par « cette clause l'usufruitier de la chose qu'il vend ou qu'il « donne, en transfère la possession à l'acquéreur de qui il se « reconnaît la tenir à titre d'usufruit[2] ».

La rétention d'usufruit était d'ailleurs le type de la tradition feinte. A tel point qu'on était arrivé à considérer comme une rétention d'usufruit la clause par laquelle le donateur, sans s'expliquer sur la nature du droit qu'il entendait conserver, n'insérait tout simplement dans la donation qu'une clause par laquelle le donataire ne rentrerait en jouissance qu'au bout d'un certain temps, à la mort du donateur par exemple[3].

Très usitées encore les clauses de constitut et de précaire[4] et la rétention de la chose donnée à titre de fermier ou de locataire[5], que Pothier assimile d'ailleurs à la clause de constitut. « On appelle clause de constitut la clause par laquelle le « donateur déclare tenir l'héritage du donataire, et n'en « demeurer en possession que pour lui et en son nom, soit

1. Ricard, 944.
2. Pothier, *Des donat.*, sect. II, art. 2, § 1, t. XXIII, pp. 50 et 51.
3. Pothier, pp. 51 et 52, et Ricard, première partie, n° 944.
4. Precarium est quod precibus petenti — tendum conceditur.
5. Ferrière, sur l'art. 275 de la cout. de Paris, n° 30.

« comme fermier, soit comme locataire, ou de quelque autre « manière que ce soit[1]. »

Quant au précaire : « La clause de précaire est celle par « laquelle le donateur ne retient l'héritage que précairement « du donataire, c'est-à-dire par grâce, de sa part et à la « charge de le lui remettre toutes fois et quantes il le deman- « dera[2,3]. »

La tradition feinte pouvait en outre s'opérer par tous les moyens prévus par le droit romain, tels que : remise des clefs au donataire, mise en possession du donataire au vu et su du donateur, réception des titres de propriété, tradition *brevi manu*[4] au cas ou le donataire possédait déjà la chose à un autre titre[5], etc.

La clause de dessaisine-saisine[6] était généralement consi-

1. Pothier, *loc. cit.*, p. 51.
2. Pothier. *loc. cit.*, p. 51.
3. Ricard s'exprime ainsi pour justifier ces traditions : « La raison fondamentale « de cet établissement dépend de ce que ce sont maximes de droit, que nul ne « peut devoir servitude à soi-même ; que personne ne peut tenir de soi à titre de « précaire, ce dont il est propriétaire, ni enfin être locataire de ce qui lui est « propre. De sorte que le donateur déclarant que sa possession ne sera plus qu'à « ces titres incompatible avec la propriété, il est réputé suffisamment abandonner « la véritable possession au donateur et ne plus retenir qu'une possession momen- « tanée, précaire et de fermier, et qui n'empêche pas que le donataire ne soit « véritable possesseur; qui bona fide fundum alienum emerit, eumdemque a « domino conduxerit, quœritur utrum desinat possidere, an non? Responsio in « promptu est, ut desierit possidere » (l. 19 D. de acquir. possess.)
4. « Interdum etiam sine traditione nuda voluntas domini sufficit ad rem transfe- « rendam, veluti si rem quam tibi aliquis commodaverit, postea donaverit; quam- « vis enim ex ea causa tibi eam non tradiderit, eo tamen ipso quod patitur « tuam esse, statim tibi acquiritur, perinde ac si eo nomine tibi tradita fuisset » (l. 9. D. de pub. in rem act).
5. « La tradition ne laisse pas d'être parfaite quoiqu'elle ait précédé la donation « et que le donataire étant en possession de la chose avant qu'elle lui ait été « donnée, il n'est pas nécessaire que le donateur lui en fasse une nouvelle déli- « vrance » (Ricard, n° 928).
6. En droit romain et dans l'ancien droit français la convention, en elle-même

dérée comme insuffisante[1], soit parce que cette clause était d'origine coutumière, soit plutôt parce qu'elle n'indique pas suffisamment, en fait, l'abdication de tout droit en faveur du donataire.

Il n'y avait guère que la coutume d'Orléans qui, dans son article 278, admettait expressément cette clause, à condition toutefois que la réalité ne contredise pas la fiction et que le donateur ait du moins cessé de posséder.

« Pour que cette tradition feinte ait lieu, dit Pothier, il « faut :

« 1° Que celui qui se dessaisit par cette clause soit vérita- « blement en possession de l'héritage qu'il aliène, car on ne « peut se dessaisir que de ce qu'on possède.

« 2° Il faut que les parties ne fassent par la suite rien de « contraire à cette clause ; car, si, nonobstant cette clause, le « donataire souffrait que le donateur restât par la suite en

n'était pas translative de propriété, elle était seulement créatrice d'obligation. — Pour qu'une convention devînt parfaite, il fallait qu'on fasse la tradition réelle de la chose. — Or ce principe bien formaliste subit de grandes modifications par l'introduction de la tradition feinte ; on arriva à considérer comme une tradition suffisante la clause insérée dans un contrat, par laquelle le vendeur déclarait se dessaisir de la chose au bénéfice et profit de l'acheteur qui à son tour s'en déclarait saisi. Cette clause reconnue suffisante pour faire la translation de la propriété devint de style dans les contrats et prit le nom de dessaisine. V. Pothier, *Des saisine oblig.*, n° 151, vente n° 321. — Argou, *Institutions de droit français*, t. II, p. 243, etc.

1. Nous avons sur ce point le témoignage d'un grand nombre d'auteurs. Ainsi Ragueau dit : « La simple saisine est dessaisine faite en présence de notaire et « témoins ne suffit pour tradition de fait et prise de possession, comme elle vaut « en autres matières » (sur le titre VII, art. 1). Thaumas de la Thaumassière : « Quoique dans les contrats de vente et aliénation, saisine et dessaisine faite en « présence de notaire, équipolle à tradition de fait et prise de possession, néan- « moins en matière de donations entre vifs, la tradition réelle, ou la feinte par « rétention d'usufruit, par constitut ou précaire est absolument requise à cause de « la règle « Donner et retenir ne vaut ». *Les anciennes et nouvelles coutumes locales du Berry et celles de Lorris* (Sur le ch. XI, art. 5 de la coutume de Lorris).

« possession de la chose donnée, cette clause serait de nul « effet, et la donation serait nulle, par la raison que donner « et retenir ne vaut.

« Cette espèce de tradition feinte, qui résulte de la simple « clause de dessaisine-saisine, est particulière à la coutume « d'Orléans. C'est pourquoi, pour qu'elle ait lieu, il faut, non « seulement qu'il s'agisse d'héritages situés en la coutume « d'Orléans, mais il faut encore, selon Dumoulin, que l'acte « ait été passé dummodo sit facta Aureliæ, secus si terris « sitis Parisiis[1]. »

Voilà donc quelles étaient les principales manières de réaliser la tradition feinte dans les donations tant immobilières que mobilières (sous les réserves que nous avons indiquées). — Ces mêmes manières pouvaient être employées lorsqu'il s'agissait d'une donation de droits réels, tels que servitudes, rentes foncières, bail d'héritage[2], etc. « Et pour les droits « réels, les servitudes, les rentes foncières, le droit de « réméré, etc., ces droits étant une partie de la propriété de « la chose, ou une propriété imparfaite et diminuée, il est « aisé de concevoir que, de même qu'on peut transférer une « propriété pleine, on peut aussi transférer une propriété « imparfaite et diminuée; et par conséquent, la tradition de « ces sortes de droits se fait et s'opère de la même manière « que celle de la chose même[3] ».

Quant aux donations de choses incorporelles telles que droits

1. Pothier, *loc. cit.*, sect. II, art. 2, § 1, t. XXIII.

2. « Les rentes foncières et celles de bail d'héritage ne sont pas mises au rang « des simples dettes et actions, mais elles conservent la nature des héritages qui y « sont sujets ; si bien que la tradition s'y accomplit de la même manière que si « les héritages sur lesquels elles sont assignées étaient donnés ou vendus » — (Ricard, première partie, n° 966, p. 246).

3. Denizart, *Coll. de décisions nouvelles*, t. II, mot. *Donat.*, n° 34, p. 178.

de créances et actions, on ne pouvait certainement pas demander une tradition réelle ou feinte, car une telle tradition aurait été : impossible « Incorporales res traditionem et usuca-« pionem non recipere, manifestum est ». Aussi Ricard[1] nous apprend-il que : « La jurisprudence française a néanmoins « établi un moyen pour lequel le cessionnaire en peut être « saisi, et qui sert de tradition; c'est à savoir par la signifi-« cation qui est faite du transport au débiteur. La coutume « de Paris en son article 108 : « Un simple transport ne suffit, « et il faut signifier le transport... », et la majorité des coutumes l'admettaient comme une règle universelle du droit français.

Pothier[2] d'ailleurs, en termes non moins formels que Ricard, exige cette signification, faute de laquelle le donateur est censé être toujours resté en possession des choses données, vu que jusqu'à cette signification les créances peuvent lui être valablement payées, et peuvent être valablement saisies et arrêtées par ses créanciers. Un arrêt du 11 février 1732 a jugé en conséquence qu'il fallait distraire d'une donation universelle, un contrat de constitution de rente, due par un particulier auquel la donation n'avait point été signifiée, et que la rente faisait partie des biens du donateur jusqu'à sa signification, parce que, sans cette signification, il n'y a point tradition parfaite de la chose donnée[3]. — Dans le même sens, un arrêt rendu en la grande Chambre du 25 février 1755 décide que même l'insinuation de la donation d'une rente ou d'une dette ne supplée point la signification qui doit être faite au débiteur[4].

1. *Loc. cit.*, n° 965, p. 246.
2. Introd. au titre XV de la cout. d'Orléans. p. 297, t. XVIII.
3. Denizart, *Donat.*, n° 22, t. II, p. 175.
4. Denizart, *Donat.*, n° 23, p. 176.

Malgré les autorités qui soutiennent cette théorie, malgré les dispositions des coutumes, malgré les arrêts suscités, Bergier[1], l'annotateur de Ricard, trouve cette théorie bien problématique. « Aucune loi, dit-il, n'a prescrit la nécessité d'une « pareille signification ; non seulement l'ordonnance des dona- « tions de 1731, lors de laquelle on a discuté toutes les ques- « tions traitées par Ricard, n'a aucun article qui oblige à « signifier les donations de rentes constituées, ou de créances « mobilières aux débiteurs, ce que le Législateur n'aurait pas « omis, s'il avait jugé cette formalité nécessaire », et plus loin il ajoute : « Il n'y a aucune raison solide d'exiger plus que « l'ordonnance n'exige ».

Quant aux deux arrêts cités, il en cite deux autres en sens contraire: l'un du 19 août 1739 et l'autre du 25 mai 1762[2]. Mais constatons que les espèces ne sont pas les mêmes ; dans l'arrêt de 1739, il s'agit en effet d'une rente sur la ville, cet arrêt prétend que, relativement au roi, l'insinuation suffit, il ne parle pas des particuliers ; quant au deuxième arrêt, il ne prouve pas grand'chose, vu qu'il s'agit d'une rente foncière et non pas d'une rente ordinaire ; peu importe d'ailleurs que l'avocat Doucet[3] ait plaidé au point de vue général, comme le prétend Bergier.

Enfin l'annotateur de Ricard s'appuie sur l'autorité de Cochin. « Il est vrai que, relativement à un tiers, le cession- « naire n'est saisi que par la signification ; par exemple,

1. Note sur le n° 965 de Ricard, p. 246.

2. Denizart, *loc. cit. Donat.*, n°s 24 et 25, t. II, p. 176.

3. Voici les raisons données par cet avocat : « La tradition requise pour la vali- « dité des donations devait s'opérer au même instant que la donation s'accomplit, « et que ce devait être le fait du donateur ; que la signification au débiteur ne « devait pas se faire au moment de la donation ; que c'était le fait du donataire ; « que par conséquent il était impossible que la signification formât la tradition « exigée par la loi..., etc. » (Denizart, n° 25).

« relativement au débiteur, à un second donataire ou à un « créancier du cédant, le cessionnaire n'est saisi que par la « signification; mais, pour la validité de la donation, il suffit « que le donataire soit saisi par rapport au donateur, c'est-à-« dire que celui-ci soit dépouillé de la propriété et qu'elle ait « passé au donataire : or, pour cela, la signification n'est pas « nécessaire et par conséquent la donation par elle-même est « parfaite entre eux, ce qui suffit.

« Il est vrai que le donateur peut recevoir le remboursement « du débiteur, tant que la donation ne lui est pas signifiée; « mais il n'a pas le droit de le recevoir, et, s'il le fait, il doit « rapporter le prix au donataire, et c'est précisément ce qui « rend la donation valable : il n'est pas nécessaire que le do-« nataire ne puisse contrevenir de fait à la donation, il suffit « qu'il ne le puisse de droit[1] ».

Quoi qu'il en soit, les coutumes sont formelles; et nous croyons avec Ricard et Pothier que la signification du transport était nécessaire pour la validité des donations ayant pour objet des choses incorporelles.

La même solution doit être admise, en ce qui concerne les donations des biens, dont le donateur n'est pas en possession au moment de la donation. Comme en ce cas il ne peut y avoir ni tradition réelle ni tradition feinte, puisque le donateur, n'ayant pas lui-même la possession des biens, ne peut pas les transférer; « la signification, faite au possesseur de l'héritage « par le donataire, de la donation qui lui en est faite avec « assignation pour le délaisser tient lieu de tradition du droit « que le donateur avait de le revendiquer, et rend valable la « donation qu'il en a faite[2] ».

1. Cochin, Œuvres, t. V, p. 680, édit. de 1822.
2. Pothier, *loc. cit.* sect. II, art. 2, § 1, p. 54.

Quid des donations conditionnelles?

Dumoulin enseignait qu'aucune sorte de tradition n'était nécessaire ante impletam conditionem :

« Hæc consuetudo[1] intelligitur quando sit contrarium do-
« nationis, ut quia proprietas datur de præsenti.... Secus datur
« post obitum, quia interim non potest peti, nec potest tradi,
« et sic non retinetur datum. »

Mais l'usage général des coutumes était que la tradition devait toujours intervenir.

Enfin si la donation est d'une somme ou d'une rente dont le donateur se constitue débiteur envers le donataire, une telle donation n'est susceptible d'aucune tradition, et l'obligation irrévocable de la payer, que le donateur contracte par la donation, suffit pour rendre sa donation valable[2].

Tout cela examiné, il ne nous reste plus, pour en finir avec la tradition, qu'à nous demander quel était le sort d'une donation dans l'intervalle qui s'écoulait entre l'acte de donation et l'époque de la tradition ; ce qui conduit à examiner quels étaient les droits du donataire avant la tradition soit contre le donateur, soit contre ses héritiers.

Pendant longtemps toute action fut refusée au donataire contre le donateur. La donation exigeant pour être parfaite le dessaisissement, aucune action n'appartenait au donataire non encore saisi. « Un bon tiens vaut mieux que deux tu l'auras », disait Loysel.

Plaçons-nous au XVIe siècle. Denys du Pont tout en cherchant à démontrer que le droit romain, dans son dernier état, avait rendu la donation obligatoire par elle-même, ajoute que la coutume de Blois et l'usage général du royaume avaient établi

1. Il s'agit de l'habitude de faire tradition.
2. Pothier, *loc. cit.*, p. 54.

une règle différente en refusant au donataire tout moyen d'obtenir une chose dont il n'avait pas reçu la possession corporelle ou civile. « Hoc jure municipali nulla actio, nulla « condictio, nullum denique remedium donatario in donantem « ad traditionem possessionis competit[1] ».

Ragueau[2], au commencement du XVIIe siècle, constate le même état de choses en termes aussi nets et aussi généraux : « Le donataire ne pourra agir par action personnelle à l'en-« contre du donateur vivant, afin d'avoir délivrance de la « chose par lui donnée, encore que le donateur soit en son « entier, et ait le pouvoir de ce faire ».

Vers la fin du XVIIe siècle, de Lalande dit encore formellement qu'à défaut de tradition réelle ou de clause de tradition feinte, le donataire ne peut agir personnellement contre le donateur à ce qu'il soit condamné à la délivrance des meubles ou immeubles par lui promis, et il ajoute plus loin : « La « simple paction de donner n'est pas obligatoire[3] ».

Ainsi donc même à la fin du XVIIe siècle aucune action n'est accordée au donataire.

Remarquons cependant que certaines coutumes telles que Châlons (art. 64) et Reims (art. 230) accordaient dès cette époque une action au donataire et Buridan, qui écrit sur cette dernière coutume, l'accorde aussi, mais seulement si le donataire avait gardé la chose en sa puissance, « sinon (le

1. « Dionysii Pontoni in consuetudines Blesenses, titre XII, art. 169.

2. *Coutumes générales des pays et duchés du Berry* (Sur le titre VII).

3. « En France, dit de Lalande, nous suivons l'ancienne jurisprudence civile, « car il est nécessaire que le donateur déclare par l'acte de donation, qu'il se « dessaisit de la chose donnée, et en transporte la possession et seigneurie au « donataire : autrement celui à qui le don a été conféré ne peut agir personnelle-« ment contre le donateur pour le faire condamner à la délivrance des meubles « ou immeubles qu'il a promis de donner par pure libéralité » (Sur l'art. 283 de la cout. d'Orléans, n° 2).

« donataire) n'a plus de droit pour le contraindre à lui en « faire la délivrance[1] ».

Ricard aussi, mais d'une façon assez timide, après avoir cité l'article 64 de la coutume de Châlons, ajoute : « Je crois que « cet article doit avoir lieu dans les autres coutumes qui ne « contiennent rien de contraire en ce qu'il porte que le « donataire peut agir par action personnelle à l'encontre du « donateur vivant afin d'avoir délivrance de la chose par lui « donnée[2] ».

La vérité est que ce n'est que vers le commencement du XVIIIe siècle que l'action fut accordée au donataire.

L'Ordonnance de 1731 décide, dans son article 5, que les donations entre vifs ne pourront engager le donateur, ni produire aucun autre effet que du jour qu'elles auront été acceptées par le donataire ; ce qui veut dire que, aussitôt que le donataire a accepté, il peut obliger le donateur à l'accomplissement de la donation.

A la fin de ce même siècle, la force obligatoire du pacte de donation triomphe jusqu'au point de faire croire qu'il n'avait jamais souffert de résistance.

Mais il n'en fut pas de même, quant à accorder une action contre les héritiers du donateur. Cette action ne fut jamais accordée dans l'ancien droit[3]. Si le donataire n'a pas agi contre le donateur du vivant de celui-ci, c'est qu'il savait bien que l'acte était simulé, ou bien ne faisait-il que respecter une convention secrète[4]. Cet argument est bien discutable,

1. Sur l'article 230 *de la cout. de Reims*, n° 2.

2. Ricard. *loc. cit.*, 897, p. 230.

3. « Et si le donateur mourait en la possession de la chose donnée avant « l'action intentée, telle donation ne vaut aucunement et ne peut le donataire agir « en vertu d'icelle personnellement, ne autrement à l'encontre de l'héritier » (Ricard, n° 897 in fine).

4. D'Argentré, Le Caron, etc.

3.

car le silence du donataire peut bien provenir de la reconnaissance ou du respect qu'il porte au donateur, et nullement d'une convention.

Quoi qu'il en soit, contentons-nous de constater le fait : l'action en délivrance n'était jamais accordée au donataire contre les héritiers du donateur.

Tout ce que nous avons dit jusqu'à présent sur la tradition n'est pas applicable aux donations faites en faveur du mariage auxquelles la règle : « Donner et retenir ne vaut », ne s'applique pas : « Toutes conventions, donations, avantages, institutions « d'héritier et autres choses faites par contrat de mariage sont « bonnes et valables en quelque forme qu'elles soient faites « *etiam* en donnant et retenant[1]. »

1. Art. 219 *de la cout. du Bourbonnais.*

CHAPITRE II

DE L'IRRÉVOCABILITÉ

L'idée d'irrévocabilité, quoique née plus tard comme nous venons de le voir, devint cependant le caractère distinctif et essentiel de toute donation. La tradition s'efface de plus en plus pour lui faire place[1], sans cependant disparaître, du moins dans les pays de droit coutumier.

Tandis qu'à la fin du XVIe siècle, Charondas Le Caron et la majorité des auteurs admettaient encore la validité des donations contenant des clauses contraires au principe de l'irrévocabilité comme : donations faites à charge de payer les dettes du donateur, donations dans lesquelles le donateur se réserve le droit de vendre en cas de nécessité, « si le donataire demeu- « rait en possession et n'avait été ladite clause exécutée », etc. ; dès le XVIIe siècle, nous voyons ces clauses repoussées comme contraires à l'essence même des donations. Des jurisconsultes tels que Godefroy, Ferrière, Ricard, donnent la plus grande importance à cette idée et Domat finit par dire : « C'est de « ce principe que dépend cette règle commune en cette

1. Le dessaisissement, si impérieux aux débuts, s'atténue.... Par contre, l'idée d'irrévocabilité se dégage et ne fait que grandir. On ne la trouve pas encore au XIIIe siècle; dans le grand coutumier du XIVe, il n'en est pas encore question, ni même dans la première coutume de Paris (M. Lefebvre à son cours).

« matière que « Donner et retenir ne vaut », ce qui signifie « que si le donateur retient ce qu'il donne, il ne se dépouille « pas et ne donne point[1]. »

Et Pothier : « C'est en conséquence de l'irrévocabilité que « nous disons être de l'essence des donations entre vifs, que « les coutumes en expliquant la maxime : « Donner et rete- « nir ne vaut », disent que c'est donner et retenir quand « le donateur s'est réservé la puissance de disposer libre- « ment de la chose donnée, car cette faculté qu'il se réserve « d'en disposer, empêche que la donation ne soit irrévo- « cable, et, par conséquent, détruit sa nature, la rend « nulle[2]. »

Cela établi, demandons-nous quelle était la signification de ce mot « irrévocable » et qu'est-ce qu'il fallait pour qu'une donation ne soit contraire à ce principe : « C'est donner et « retenir, dit l'article 274 de la coutume de Paris, quand le « donateur s'est réservé la puissance de disposer librement de « la chose donnée ». Il fallait donc que le donateur préfère résolument le donataire à lui-même et que celui-ci, une fois qu'il a été saisi, ne puisse plus être désormais dessaisi par un changement de volonté de la part du donateur. En d'autres mots, il ne faut pas que la donation contienne des clauses ou des conditions dont la réalisation, dépendant de la volonté du donateur, puisse faire révoquer ou rendre inutile la donation au gré de celui-ci.

Quant à savoir ce qu'il faut entendre par « clauses ou condi- « tions dépendant de la volonté du donateur », tous les anciens auteurs[3] y comprenaient non seulement ce que nous appelons

1. Domat. *Lois civiles*, liv. I, titre X.
2. Pothier. *Traité des donat.*, sect. II, art. 2, § 2, t. XXIII, p. 56.
3. Ricard, Bergier, Pothier, etc.

aujourd'hui des conditions purement potestatives, mais toute espèce de conditions potestatives même simples. Ainsi, un arrêt rendu le 20 février 1668 déclare nulle une donation faite sous la condition de ne pas se marier, sur le fondement qu'il était en la liberté du donateur de rendre sa donation inutile, en se mariant, ce qui était Donner et retenir[1]. Ferrière[2] le dit d'ailleurs d'une façon explicite : « Un donateur « est présumé donner et retenir, quand, par quelque clause « renfermée dans le contrat de donation, il peut directement « ou indirectement révoquer et rendre inutile la donation « qu'il aurait faite. »

L'idée d'irrévocabilité comme essence des donations fut complètement consacrée par l'Ordonnance de 1731 qui en déduit de nombreuses conséquences :

I. — On ne peut donner des biens à venir, car étant en la liberté du donateur d'acquérir ou non des biens, il demeurerait en sa liberté de donner ou de ne pas donner d'effet à la donation, ce qui serait complètement contraire au principe d'irrévocabilité[3]. « Une telle donation serait absolument opposée aux principes des donations entre vifs qui doivent être irrévocables et composées de choses certaines », disait Auroux des Pommiers[4]. Remarquons, d'ailleurs, qu'indépendamment de l'irrévocabilité, ce genre de donation ne pouvait pas non plus être sujet à tradition; car on ne peut pas faire tradition de choses que l'on ne possède pas. « Rerum quæ nondum sunt, nulla fieri potest traditio. »

1. Arrêt rapporté par Sallé, *Esprit des ordonnances de Louis XV*, p. 39. Sur l'art. 17 de l'Ordonn. de 1731.
2. *Commentaires sur l'art. 274 de la cout. de Paris* (t. III, p. 1245).
3. Pothier, *loc. cit.*, sect. II, art. 2, § 2.
4. *Sur la coutume du Bourbonnais*, art. 210, n° 1.

Ricard, après avoir dit aussi que « la tradition ne peut pas « être faite d'un bien à venir auquel le donataire n'a aucun « droit lors de la donation[1] », ajoute plus loin que ces donations ne sont point dignes d'être encouragées parce qu'il est rare qu'elles ne soient suivies de repentir et qu'elles sont même le plus souvent accompagnées d'une espèce de dérèglement d'esprit[2]. C'était aussi l'opinion de Cujas qui, en son commentaire sur la loi cumtale 72 D. de condit. et dem., en parlant de l'usage du droit civil romain et de la licence effrénée que l'empereur Justinien avait donnée de disposer en général de tous ses biens par donation entre vifs, s'écrie : « Tu donas « omnia tua bona stulte et insipienter, insipide, nescis for« tasse quæ bona habeas, recense singula. »

Quant au sens des mots « bien à venir » l'art. 15 de l'Ordonnance était assez explicite :

« Aucune donation entre vifs ne pourra comprendre « d'autres biens que ceux qui appartiendront au donateur « dans le temps de la donation. » Tous les autres par conséquent étaient des biens futurs. — « Pour ne pas s'équivoquer « sur ce qui peut être considéré comme biens à venir, ou « comme biens présents, il faut user d'une distinction, « qui, quoique subtile, est néanmoins très vraie : lorsque les « biens ne sont pas au pouvoir du donateur, et qu'il n'a « aucun droit, ni aucune action pure ou conditionnelle « pour les prétendre, ou les espérer, c'est le véritable cas « des biens à venir, dont il est défendu de faire des dona« tions[3]. »

La défense de faire des donations de biens à venir rencon-

1. Ricard, *loc. cit.*, n° 1009.
2. Idem, n° 1012.
3. Furgole. *Ordonnance de Louis XV sur l'art.* 15, p. 126.

tra dans les pays de droit écrit une résistance assez sérieuse. Avant l'Ordonnance, ces pays suivaient en cette matière le droit de Justinien, qui en supprimant la nécessité de la tradition avait décidé que les donations pourraient comprendre des biens à venir[1].

Les pays de droit écrit admettaient cette façon de voir, à condition toutefois que le donateur se réserve une certaine partie de ses biens, généralement le vingtième, dans le but de se conserver la possibilité de tester[2].

La meilleure preuve de cette résistance sont les lettres du chancelier d'Aguesseau aux divers parlements de ces pays qui refusaient d'enregistrer l'article 15 de l'Ordonnance.

Des remontrances furent faites par les parlements de Bor-

1. « Les mêmes docteurs (les plus éclairés des docteurs, entre autres M. Cujas) « sont d'avis dans l'état de la dernière jurisprudence romaine, en laquelle l'empe- « reur Justinien a voulu par sa constitution... que les donations entre vifs puissent « être rendues parfaites, en vertu de la seule stipulation, et sans que la tradition « présente intervienne, que les biens à venir y peuvent être donnés entre vifs, « aussi bien que les présents; parce que les stipulations peuvent être faites, non « seulement des choses présentes, mais aussi de ce qui concerne l'avenir. » (Ricard, 1re partie, n° 977.)

2. « Les interprètes du droit civil ne font pas de difficulté de décider que les donations de tous biens présents et à venir sont présentement permises, pourvu toutefois que le donateur se soit réservé une portion de ses biens ou une somme proportionnée à sa qualité et aux biens qu'il possédait, pour en pouvoir disposer par testament; ce qu'ils arbitrent communément à la vingtième partie des biens pour le moins, parce que les lois qui ne permettaient pas qu'une personne se fût imposé la nécessité de mourir *ab intestat*, suivant cet ancien esprit du droit romain qui imputait à une espèce d'ignominie, de mourir sans testament, et qui mettait une de ses principales gloires à faire vivre sa volonté après sa mort, ne se trouvent pas avoir été abrogées par aucune constitution : de sorte que sur ce principe ils estiment une donation nulle, qui serait tellement universelle, qu'elle irait à ôter au donateur la liberté de disposer par testament; mais pourvu qu'il se soit réservé des biens pour tester, ils ne croient pas que l'universalité soit capable de donner atteinte à la donation, par la seule considération de ce qu'elle comprend des biens à venir.... » (Ricard, 1re partie, n° 979.)

deaux[1], Toulouse[2], Grenoble[3], Besançon[4] et Normandie[5], qui se montrèrent particulièrement récalcitrants, des lettres de jussion furent même nécessaires pour forcer le premier à se soumettre[6].

Finalement, cependant, tous les parlements enregistrèrent l'Ordonnance et ainsi cessa la différence qu'il y avait sur ce point entre les pays de droit écrit et les pays de droit coutumier. « C'est, dit Furgole, pour cesser ce conflit de prin-« cipes entre le droit romain et le droit coutumier et la « diversité des opinions des auteurs que notre article, don-« nant la préférence du droit coutumier sur le droit romain « nouveau, a défendu les donations des biens à venir. « Comme l'objet de Sa Majesté a été de donner des règles « certaines et uniformes dans tout le royaume, pour faire « cesser la diversité de jurisprudence, et que l'étendue du « pays coutumier est beaucoup plus grande que celle des « pays gouvernés par le droit écrit, il convenait de se fixer « à cet égard sur les principes des coutumes[7]. »

La donation des biens à venir présentait, en dehors des

1. Lettre du 25 juin 1731 (*Œuvres de d'Aguesseau*, éd. Pardessus, t. XII, p. 320), puis une seconde lettre du 13 juillet 1731, dans laquelle d'Aguesseau disait : « C'était par ménagement et par considération pour cette compagnie que « je m'étais contenté d'une simple lettre.... D'autres parlements, qui avaient fait « des remontrances comme la vôtre, l'ont bien compris puisque, aussitôt après avoir « reçu ma lettre, ils ont procédé à l'enregistrement de l'Ordonnance; mais puisque « le parlement de Bordeaux n'a pas pensé comme eux, et qu'il désire lui-même « des lettres de jussion, le roi en a fait expédier, et M. le Procureur général les « recevra incessamment.... » (*Op. cit.*, p. 331.)

2. Lettres du 25 juin, 30 juin et 24 juillet 1731 (*Op. cit.*, p. 310, 322, 340).

3. Lettre du 19 mai 1731 (p. 297).

4. Lettre du 22 mai 1731 (p. 302).

5. Lettre du 22 juillet (p. 331).

6. Voir, sur cette question, H. Reverdy. *Étude historique sur les donations*, p. 187 et suivantes.

7. Furgole, *loc. cit.* sur l'art. 15, p. 123-124.

inconvénients que nous avons exposés, une anomalie assez bizarre : si une telle donation avait été valable, le donateur, survivant au donataire, aurait continué à acquérir pour le compte de celui-ci, déjà décédé, et ses héritiers auraient acquis de son chef des biens qu'il n'avait jamais acquis ou pu acquérir lui-même. « Il serait, dit Ricard[1], contre toutes « les règles, qu'une donation entre vifs commençât son effet « en la personne des héritiers du donataire, et néanmoins on « ne peut pas lui donner d'effet avant l'acquisition, la « donation ne pouvant pas être d'un bien qui n'a point « d'existence, et il serait aussi absurde de prétendre que le « donataire pût acquérir un nouveau droit après sa mort, « ou transmettre à ses héritiers un bien dont il n'a jamais « été propriétaire : non videntur enim data quæ eo tempore « quo dantur, accipientis non fiunt. »

Il est juste d'ajouter que, dans les pays qui validaient ce genre de donation, on avait décidé que cette donation deviendrait caduque par le prédécès du donataire[2].

Mais, que fallait-il décider lorsqu'une donation portait en même temps sur des biens présents et sur des biens à venir ?

Grande était la controverse sur ce point avant l'Ordonnance de 1731. Ricard[3] nous rapporte que quatre coutumes seulement avaient prévu la question, savoir : les coutumes de Bourbonnais, de Berry, d'Auvergne et de Sedan. Ces coutumes sont loin d'être d'accord entre elles. La première, c'est-à-dire celle du Bourbonnais, décidait en son article 210 que : « donation universelle, faite de tous les biens présents et à « venir, ne vaut ». La coutume de Berry décide la même

1. Ricard, première partie, *loc. cit.*, n° 1004.
2. Demolombe, *Traité des donations*, t. III, n° 374. 3° p. 335.
3. Ricard, *loc. cit.*, n° 983.

chose, en ajoutant qu'une telle donation était exclue même par contrat de mariage. La coutume d'Auvergne, par contre, admet la solution, tout à fait opposée, en l'article 22 du chapitre 14; elle décide que : « Donation entre vifs de tous biens « présents et à venir, ou de partie, retenue certaine somme « de deniers, ou partie desdits biens pour en disposer à son « plaisir et volonté, est bonne et valable. » Enfin la coutume de Sedan consacre une solution intermédiaire en ne validant la donation de biens présents et à venir que quant aux biens dont le donataire aura la possession du vivant du donateur. Quant aux auteurs, leurs avis sont tout aussi partagés.

Dans une première opinion soutenue par Cujas, on décidait que la donation était valable quant aux biens présents et nulle quant aux biens à venir. « Utilem partem donationis non « vitiari per inutilem[1]. » On raisonnait par analogie. Dans la matière même des donations nous avons, en effet, quelques exemples frappants :

1) Lorsque l'empereur Justinien exigea l'insinuation pour les donations excédant une certaine somme, il décida que si une telle donation n'avait pas été insinuée, elle ne serait pas nulle pour le tout, mais seulement pour ce qui excéderait la somme dont la donation peut subsister sans insinuation, « ita « ut in iis quæ sunt æstimationis secundum nostram legem, « non totum, sed solum superstuum evanescat[2] ».

2) Les coutumes défendaient à un testateur de disposer de plus de la cinquième partie des propres; si le testateur néanmoins attaquait la réserve des quatre quints, la disposition n'était pas nulle pour le tout, mais seulement pour ce qui excédait la quotité permise.

1. Cujas, sur la loi 33, *Cod. de donat.*
2. Ricard, *loc. cit.*, n° 1022.

3) Lorsqu'une femme convolant en secondes noces faisait au profit de son nouveau mari une donation, excédant la part de l'un des enfants du premier lit, le mari n'était pas privé de toute la donation pour cela, la donation n'était annulée que pour ce qui dépasse la quantité prescrite par l'édit des secondes noces[1].

Pourquoi donc ne pas admettre la même solution pour les donations de biens présents et à venir?

Quoique la jurisprudence était assez incertaine, Bergier[2] nous rapporte que le parlement de Toulouse était fixé en ce sens; quant au parlement de Paris, il admettait la même solution pour les pays de droit écrit de son ressort, témoins les arrêts de 1702, 1716, 1718 et 13 août 1722, avec les conclusions conformes de l'avocat général Lamoignon; pour les pays coutumiers, il admettait la solution contaire (arrêts du 5 février 1713 et du 31 août 1716).

En ce qui concerne les dettes, on décidait, dans cette théorie, que le donateur n'était pas chargé de celles contractées depuis la donation, ces dettes étant une charge de biens à venir et non des biens présents[3].

Une deuxième opinion proposait de distinguer d'après les termes de la donation et l'intention présumée du donateur. Son principal défenseur, Ricard[4], s'exprimait ainsi :

« Je voudrais, pour recevoir ce partage, qu'il eût été stipulé « qu'en cas que la donation ne pût valoir pour le tout, elle « aurait son effet pour les biens présents, ou du moins qu'il « parût, par les termes avec lesquels la donation a été conçue,

1. Ricard, *loc. cit.*, n° 1023.
2. Bergier, note sur le n° 1023 de Ricard.
3. Pothier. *loc. cit.*, sect. II, art. 2, § 3, p. 58.
4. *Loc. cit.*, n° 1024.

« que l'intention du donateur eût été d'en souffrir la division, « en cas qu'elle ne pût subsister pour les biens à venir : sinon, « et lorsque la donation des deux espèces de biens présents et « à venir est tellement jointe, qu'il n'y a pas lieu de pré- « sumer que le donateur se fût porté à donner l'un sans « l'autre ; on ne peut lui faire ce préjudice de faire sub- « sister le contrat pour les biens présents, en le cassant pour » les à venir. »

Une dernière opinion enfin soutient la nullité intégrale de la donation des biens présents et à venir. C'était le sentiment de du Val dans son traité II « De rebus dubiis », adopté plus tard par Pothier. Une donation de ce genre, pense ce dernier auteur, contenant la charge indéfinie d'acquitter toutes les dettes que le donateur a contractées et contractera, il serait en son pouvoir d'anéantir tout l'effet de la donation, en contractant des dettes qui absorberaient les biens présents, tout en négligeant d'en acquérir d'autres[1] ; d'une autre part, la donation ne peut être valable pour partie, comme le prétend la première théorie, car le donateur en donnant ses biens présents et à venir n'a pas entendu faire deux donations, l'une de ses biens présents à la charge de payer ses dettes présentes, et l'autre de ses biens à venir à la charge de payer les dettes futures ; il n'a voulu faire qu'une seule et même donation, mettant toutes ses dettes, tant présentes qu'à venir, à la charge de tout ce qu'il donnait[2].

C'est cette dernière opinion qui fut consacrée par l'Ordonnance de 1731, qui dit dans son article 15 : « ... la donation « des biens présents et des biens à venir sera nulle, même « pour les biens présents, encore que le donataire eût été mis

1. Pothier. Introduction au titre XV de la cout. d'Orléans, sect. II, § 1, n° 19.
2. Pothier. *Traité des donat.*, sect. II, art. 2, § 3.

« en possession du vivant du donateur desdits biens présents « en tout ou en partie. »

Voici d'ailleurs comment le chancelier d'Aguesseau[1] justifie la préférence donnée au dernier système : « ... et quoique il y « eût des raisons considérables de part et d'autre, on a cru « néanmoins qu'il était contraire aux principes d'une saine « jurisprudence de diviser un acte en le faisant valoir pour « une partie et en le détruisant pour l'autre; que les choses « n'étant plus entières lorsqu'on fait cette distinction, on ne « pouvait savoir précisément si elle n'était pas entièrement « contraire à l'intention du donateur; qu'il pouvait en naître « souvent des questions embarrassantes par rapport aux « charges et aux conditions de la donation; et qu'ainsi la « jurisprudence qui favorisait la séparation des biens présents « et des biens à venir était une source de procès directement « opposée à l'intention du roi, dont le principal objet est de « les prévenir.

« Le parlement de Grenoble n'ignore pas d'ailleurs que les « plus graves jurisconsultes ont regardé la donation des biens « présents et à venir comme un acte de folie qui, par consé- « quent, ne mérite aucune faveur; et il n'y a personne qui « puisse craindre sérieusement que le terme de biens à venir « ne se glisse par inadvertance dans une donation, n'ayant rien « à quoi les hommes aient naturellement plus de répugnance « qu'à tout ce qui tend, non seulement à les dépouiller du pré- « sent, mais à les priver de toute espérance pour l'avenir. »

Malgré les termes exprès de l'Ordonnance, Furgole[2] nous rapporte qu'un arrêt du parlement de Toulouse du 7 juin 1743 a cru pouvoir admettre la limitation proposée par Ricard dans

1. Lettre au parlement de Grenoble, 19 mai 1731, t. XII, p. 300-301.
2. Furgole, *loc. cit.* sur l'art. 15, p. 142.

l'espèce suivante : Une donation avait été faite par la dame de Lairac à son fils Georges de Josse en 1735, donation qui comprenait ses biens présents et à venir, avec clause expresse « qu'au cas où on disputerait la validité de la donation, sous « prétexte qu'elle comprend des biens à venir, elle aurait son « effet pour tous les biens présents ». — Mais Furgole ajoute que ce jugement a été cassé par arrêt du conseil de février 1745.

II. — « Seront nulles pareillement les donations qui ne « comprendraient que les biens présents, lorsqu'elles seront « faites à condition de payer les dettes et charges de la succes-« sion du donateur, en tout ou en partie, ou autres dettes et « charges que celles qui existaient lors de la donation, même « de payer les légitimes des enfants du donateur, au delà de « ce dont ledit donataire peut en être tenu de droit[1]. » De telles donations seraient, en effet, contraires au principe de l'irrévocabilité, car le donateur, pouvant contracter autant de dettes qu'il lui plaira, peut réduire à néant ces donations.

« En effet, dit Ricard, il n'y a rien de plus contraire à l'irré-« vocabilité et à la certitude nécessairement requises, pour « rendre valable une donation entre vifs, que la liberté d'en « pouvoir disposer par le donateur, et la réduire à néant par « la création d'autant de dettes qu'il lui plaira et que le dona-« taire est tenu d'acquitter, suivant la stipulation du contrat[2]. » Et Furgole[3] s'exprimait ainsi : « C'est contrevenir à la maxime : « Donner et retenir ne vaut », lorsque le donateur impose au « donataire une charge indéfinie, qui a trait de temps à l'ave-

1. Article 16 de l'Ordonnance de 1731.
2. Ricard, *op. cit.*, n° 1028.
3. Furgole, *loc. cit.*, sur l'art. 16, p. 149.

« nir, et qu'il dépend de la volonté du donateur d'augmenter « comme il lui plaît. »

Quant aux mots : « même de payer les légitimes des enfants « du donateur, au delà de ce dont ledit donataire peut en être « tenu de droit », ils signifient que le donateur ne peut pas imposer valablement au donataire la charge exclusive de fournir la légitime aux enfants du donateur, même s'il y aurait d'autres donations postérieures ou legs qui pourraient la parfaire. Autrement il aurait dépendu du donateur de diminuer ou d'anéantir cette donation en en faisant d'autres postérieures, ou en laissant des legs dépassant sa quotité disponible.

D'ailleurs, comme dit Sallé[1] : « La légitime se règle, en « égard aux biens que laisse celui sur qui elle se prend, en « comprenant les donations entre-vifs qu'il pourrait avoir « faites de son vivant. La fixation en est donc incertaine « jusqu'à sa mort.... Ainsi cette condition de payer la légi- « time des enfants, autrement que le donataire n'en est tenu « de droit, est vague est indéterminée, jusqu'à la mort du « donateur, et par conséquent incompatible avec la donation « entre vifs, qui doit être certaine, tant dans l'objet de la « libéralité que dans les charges ».

III. — « En cas, ajoute l'art. 16 de l'Ordonnance, que le « donateur se soit réservé la liberté de disposer d'un effet com- « pris dans la donation ou d'une somme fixe à prendre sur les « biens donnéz, voulons que ledit effet ou ladite somme ne « puissent être censéz compris dans la donation ; quand « même le donateur serait mort sans en avoir disposé.... « nonobstant toutes clauses ou stipulations à ce contraires. »

Le donateur conserve, en effet, en se réservant ce droit ou en imposant cette charge, le moyen de révoquer partiellement

1. Sallé, *loc. cit.* Sur l'art. 16, p. 38.

la donation, de l'anéantir à son gré, jusqu'à concurrence de la somme fixée. Qu'importe qu'il n'en ait pas usé! la donation n'en était pas moins révocable dans cette mesure et en conséquence nulle dans les mêmes proportions. Si le donateur ne dispose donc pas de l'effet ou de la somme réservée, cet effet ou cette somme appartiendront à ses héritiers. Cette dernière solution n'était cependant pas universellement admise avant la publication de l'Ordonnance. Ainsi le président de Lamoignon, après avoir dit que « ce n'est donner et retenir quand la donation est faite à charge d'acquitter les dettes présentes et à venir du donateur.... pourvu que la somme soit limitée », ajoute plus loin « et si les dettes ne « montent jusqu'à la somme réservée, le surplus demeurera « au donataire[1] ».

Aucun doute n'est plus possible devant les termes formels de l'article 16.

Quant au restant de la donation, elle sera parfaitement valable. « Lesquelles clauses ou stipulations, dit Furgole[2], « demeurent nulles sans porter atteinte au reste de la dona- « tion : vitiantur et non vitiant. »

La rigueur des principes aurait conduit à annuler la donation en entier, mais les législateurs de l'Ordonnance ont bien compris que cela serait aller trop à l'encontre de la volonté du donateur; aussi se sont-ils limités à considérer la partie réservée comme n'ayant pas été donnée du tout, comme un « minu datum ».

Furgole[3] assimilait au cas prévu par l'art. 16 de l'Ordon-

1. *Dictionnaire des arrêts* par Jacques Brillon, éd. 1727, t. II, p. 750. Donation n° 61, § 13.
2. Furgole, *loc. cit.*, p. 155.
3. Furgole, p. 150.

nance et n'annulait en conséquence la donation que pour partie : 1) Lorsque la charge imposée au donataire, quoique indéterminée lors de la donation, ne peut cependant pas être rendue considérable ou même augmentée par l'effet de la volonté du donateur; et 2.) Lorsque la charge n'était pas déterminée à une somme certaine dans la donation, mais lorsque cette détermination pouvait facilement être faite.

La donation sera nulle, dit la finale de notre article, « nonobstant toutes clauses ou stipulations à ce contraires ». Ces mots mettent fin à une divergence qui existait entre les pays coutumiers et ceux de droit écrit. Les premiers attribuaient toujours la partie réservée aux héritiers du donateur, tandis que les pays de droit écrit l'attribuaient au donataire si le donateur en avait exprimé la volonté.

Les termes formels de l'article 16 mettent encore fin à une autre controverse, relative aux donations avec charge pour le donataire d'exécuter le testament que le donateur pourrait faire plus tard. — On ne peut comprendre de prime abord comment cette question pouvait être controversée, une clause de cette nature étant certainement contraire au principe de l'irrévocabilité. Comme le fait remarquer Bergier[1], « on ne « saurait établir de différence entre le pouvoir indéfini que le « donateur se réserve de contracter des dettes et le pouvoir « indéfini de faire des legs ». — La confusion provenait de ce que quelques coutumes, telles que les coutumes du Nivernais (titre XXVII, art. 3) et d'Auvergne[2] (titre XIV, art. 20), adoptant la doctrine romaine, permettaient cette clause à la

1. Note sur le n° 1035 de Ricard.

2. Grenier prétend que cette coutume n'a nullement visé l'exécution d'un testament en général et qu'il s'agit seulement de legs pieux ou à titre de récompense. « Mais donations entre vifs à la charge de payer les dettes que le donateur doit au

charge de faire déterminer « ex bono viri arbitrio » le montant des legs que le donateur pouvait faire « secundum qua-« litatem personæ et bonorum ». Dumoulin et Ricard[1] avaient adopté cette façon de voir, mais Bergier[2], l'annotateur de ce dernier, est tout à fait contraire à ce système : « L'irrévocabilité « de la disposition et le dessaisissement actuel du donateur « peuvent-ils s'accorder avec une clause, dont l'objet est de « laisser le donateur maître de retrancher ou de ne pas re-« trancher sa libéralité? Vainement l'on dit que l'étendue des « legs étant soumise à l'arbitrage d'un homme prudent, cette « limitation lève tous les inconvénients ; c'est une pure illu-« sion : une pareille charge reçoit des bornes, je le veux ; le « donateur ne pourra disposer que jusqu'à concurrence d'une « certaine quotité de ses biens, soit : mais d'un côté qui pla-« cera les bornes? L'arbitraire, qui ne connut jamais de règles « fixes ! »

Quoi qu'il en soit, l'Ordonnance fit cesser toute controverse, « l'esprit de l'Ordonnance étant celui de ne laisser absolument « rien à l'arbitraire du donateur et de ne rien lui permettre « qui puisse donner la plus légère atteinte à la donation ».

Il est évident d'ailleurs que si le donateur ne s'est réservé le droit de disposer par testament que d'une partie des biens donnés, la donation vaudra pour le surplus.

emps de ladite donation, ou ses légats et funérailles, est bonne et valable », dit l'art. 20 de cette coutume. Chabrol, commentateur de cette coutume, était du même avis (Voir Grenier, t. I, p. 196-197).

1. Ricard, n° 1032. Il cite aussi au n° 1035 plusieurs arrêts en ce sens : novembre 1549, 15 mai 1578 et 24 avril 1614.

2. Note sur le n° 1035 de Ricard.

SECTION II

Origine de la règle « Donner et retenir ne vaut ».

Chercher l'origine de la règle : « Donner et retenir ne vaut », c'est chercher à se rendre compte des idées qui ont influencé sur l'établissement de cette règle, de l'époque où elle s'est dégagée, et des besoins auxquels elle répond.

Pour arriver à une bonne fin, il faut tout d'abord soigneusement distinguer « la réserve de disposer, par le donateur, de « la chose donnée, et la rétention de la possession, qui pro- « cèdent de deux différents principes » ; car, comme le fait remarquer Ricard[1], « ordinairement on les confond ; et en « conséquence les décisions qui conviennent à l'une des deux « espèces sont indiscrètement et mal à propos appliquées à « l'autre ».

Tous les anciens auteurs, ne tenant justement pas compte de ces deux idées distinctes : dessaisissement, irrévocabilité, ont cherché une explication unique applicable à la règle « Donner et retenir ne vaut » tout entière. Cela les a forcément conduits à des solutions plus ou moins incomplètes.

Nous allons, cependant, les passer en revue, car il y en a quelques-unes de très remarquables.

L'explication la plus originale sans contredit et, comme

1. *Loc. cit.*, n° 899.

ajoute M. de Terris[1], « sinon la mieux fondée », c'est l'explication de Gui Coquille : « Toutes les coutumes de France disent « pour règle que « donner et retenir ne vaut » : Ce qui pro« cède, comme il est vraisemblable, du naturel des vrais Fran« çais, qui est de faire franchement et à cœur ouvert sans « retenir à couvert[2]. » Puis dans un autre passage :

« Nos prédécesseurs français, francs et libres, ont dédai« gné toutes fictions et simulations et à cette occasion ont « reprouvé l'artifice et finesse de ceux qui feignent de donner « et retiennent le pouvoir de révoquer et ne donnent pas tout « à fait[3]. »

Il y a certainement dans cette théorie de Coquille (si puérile qu'elle puisse paraître) un fond de vérité. Il y a toujours eu en France une certaine répugnance contre les libéralités révocables ; c'est là un instinct particulier, un sentiment naturel à la race française[4]. Mais ce n'est là qu'une raison de sentiment. Il fallait, pour que la règle subsistât, qu'elle s'appuyât sur des considérations plus palpables, sur des considérations d'intérêts. D'ailleurs, comme le dit si bien Demolombe : « Si « flatteuse que puisse être pour notre caractère national cette « origine de la règle, il n'est pas, bien entendu, possible de « s'en contenter, car ce n'est point par voie d'interprétation « de la volonté du donateur que cette règle procède ; elle est, « au contraire, fort impérative et ne tolérerait pas la manifes« tation même la plus expresse d'une volonté contraire[5] ».

Eusèbe de Laurière[6], annotateur des Institutes de Loysel,

1. *De Terris, op. cit.*, p. 102.
2. Coquille, *Institution au droit français.*
3. Coquille, *Coutume de Nivernais*, ch. 27, art. 1 et 2.
4. M. Lefebvre à son cours.
5. Demolombe. *Traité des donat.*, t. I, n° 25, p. 23.
6. Institutes de Loysel, liv. IV, titre IV, § 5, t. II, p. 211.

dit que notre règle « a été introduite originairement en faveur « des donateurs,afin que connaissant la perte qu'ils vont faire, « ils soient moins faciles à se dépouiller ».

Qui le sien donne avant mourir
Bientôt s'apprête à moult souffrir,

disait Loysel.

Laurière s'appuie pour soutenir sa théorie sur l'autorité de Godefroy, commentateur du Code Théodosien : « Traditionis « necessitas eo tantum fine in donationibus inducta fuit, ne « improvida profusione quidam bonis suis evolverentur : neque « enim melius ab hac inconsulta facilitate homines cohibean- « tur, quam si suas res corporaliter migrare valeant[1]. »

De Lalande[2] partageait aussi cette opinion : « La nécessité du « dessaisissement, disait-il, fait qu'on ne donne pas avec tant « d'inconsidération. » Cette théorie est, selon nous, en même temps incomplète et inexacte. Incomplète, car elle ne s'applique qu'à la tradition, inexacte, parce que même sous ce rapport elle ne se justifie pas. Si, en effet, cette opinion de Laurière était exacte, la tradition aurait toujours été demandée avec la même rigueur. Or, nous constatons justement le contraire. Les coutumes se relâchent de plus en plus de leur sévérité, elles finissent par remplacer la tradition réelle par la tradition feinte, qui ne pouvait plus faire comprendre d'une façon suffisante au donateur la gravité de l'acte qu'il passait, vu qu'il pouvait, en retenant à soi l'usufruit, ne faire éprouver l'appauvrissement résultant de sa libéralité qu'à ses seuls héritiers. Et remarquons qu'à l'époque où Godefroy écrit, et à plus forte raison à l'époque de Laurière, la tradition avec rétention d'usufruit était reconnue par la généralité des coutumes.

1. Jacobum Gothofredum. *Ad legem*, IV, C. *theod.*, *de donat.*
2. Sur l'art. 283 de la cout. d'Orléans.

D'ailleurs, comme dit M. Desjardins[1] : « Pourquoi protéger le « donateur contre lui-même? Il faut être niais pour ne pas « comprendre qu'on se dépouille quand on fait une libéralité, « et un si grand nombre de coutumes se seraient donné le « mot pour établir une règle en vue d'une simplicité exception- « nelle. »

Dans une autre théorie, Ricard, en distinguant la tradition de droit de la tradition de fait, donne pour chacune d'elles une explication différente :

« La raison pourquoi il ne doit y avoir en une donation « entre vifs aucune condition, par le moyen de laquelle il « dépende de la volouté du donateur de la laisser en suspens « et de disposer des choses données, résulte de ce que l'âme « de la donation entre vifs, ce qui la constitue telle et met « la différence entre la donation à cause de mort, est le « dessaisissement actuel du donateur, par lequel il témoigne « qu'il aime mieux que le donataire soit maître et proprié- « taire de ce qu'il lui donne, que lui-même. C'est ce que la « loi a désiré, pour permettre l'usage des donations entre « vifs, afin que les particuliers ne se portassent pas si facile- « ment à priver leurs héritiers de leurs biens par une forme « de contrat si facile, et qu'ils puissent peser la conséquence « d'une telle action, en leur opposant cette barrière, qu'il ne « serait pas en leur pouvoir de priver leurs héritiers de la « propriété de leurs biens par cette voie, qu'en la quittant « les premiers[2]. » L'intérêt de la famille, des héritiers, serait donc la cause du principe d'irrévocabilité. Or, il est clair qu'en réalité, rien n'est plus contraire à cet intérêt qu'une transmission de la propriété sur laquelle il n'est pas permis

1. *Op. cit.*, p. 242.
2, Ricard, n° 900.

au donateur de revenir. La passion d'un instant, bonne ou mauvaise, a pu être assez forte pour qu'il n'ait pas hésité à se dépouiller à jamais; l'instant passé, les conséquences de son acte demeurent irrévocables, au grand préjudice de sa famille[1].

Quant à la tradition de fait, voici comment Ricard s'exprime : « Et à l'égard de l'autre chef de notre règle, qui ne souffre « pas que le donateur demeure en possession de la chose « donnée, elle fait comme le sceau et la vérification de la « donation, afin qu'il paraisse qu'elle a été faite sincèrement « et sans dissimulation. A quoi on peut ajouter que cet « établissement a aussi eu pour fondement le bien public et « la sûreté du commerce; afin que la connaissance de la « possession des domaines ne demeure pas incertaine, et que « ceux qui viendront à contracter avec le donateur, ou même « ses héritiers, qui pourraient accepter sa succession, ne « voyant aucun changement en la possession de ce qui lui « appartenait, ne se persuadent pas avoir leur sûreté sur ce « qui ne lui appartient plus qu'en apparence[2]. »

Ce passage peut se décomposer en deux parties : 1) La tradition est exigée comme garantie de la sériosité de l'acte; 2) Pour la sûreté du commerce et des héritiers qui ne voyant aucun changemeut en la possession pourraient se tromper et croire que les choses données appartiennent encore au donateur.

Que faut-il penser de ces arguments?

Le premier, que Ricard a emprunté à Dumoulin, ne démontre pas grand'chose, car si telle était, en effet, la raison d'être de la tradition, comment cela se fait-il que les

1. Desjardins, p. 242, *loc. cit.*
2. Ricard, *loc. cit.*, n° 901.

donations en faveur du mariage en sont exemptes? Buridan[1] nous dit que la dissimulation ne peut pas exister dans une telle donation à cause de l'assistance des parents. Et pourquoi donc? Un concert frauduleux peut toujours exister entre le donateur et le donataire au moment de l'acte, et l'assistance des parents n'efface nullement la clandestinité résultant du fait que le donateur reste en possession des biens donnés.

Remarquons, d'ailleurs, que ce motif était donné par Dumoulin non pas en faveur de la tradition, mais en faveur du principe d'irrévocabilité, pour empêcher, disait-il, la fraude à l'égard des créanciers du donataire; car, si le donateur s'était réservé des clauses de nature à lui permettre de révoquer la donation, en en usant il aurait frustré les créanciers en question d'une garantie sur laquelle ils avaient le droit de compter.

Quant au deuxième argument, l'abandon de la tradition réelle pour la tradition feinte lui a fait perdre tout son intérêt. Ricard le reconnaît lui-même : « Dans la suite du temps « la subtilité des jurisconsultes a réduit l'usage de la tradi- « tion à un pur jeu en introduisant les possessions civiles[2]. »

Une autre théorie basée sur la conservation des biens dans la famille a été proposée par Ferrière[3] :

« Que si on avait permis aux particuliers de faire donation « de leurs biens et de retenir la faculté d'en pouvoir dis- « poser, on aurait ouvert un moyen facile de frustrer ses héri-

1. Sur l'art. 231 *de la cout. de Reims*, n° 3.

2. Ricard, n° 902. « Qui ne voit, d'ailleurs, au premier abord qu'une telle « explication, qui a certainement sa valeur au XVIIe siècle, n'a pu être la raison « qui a fait exiger à l'origine. Invoquer la sûreté du commerce, dans l'intérêt des « tiers, invoquer les droits des créanciers, à une époque où les transactions « étaient nulles et le commerce à un état de néant, c'est commettre vraiment « une erreur par trop gratuite. » (Lesueur, p. 188.)

3. Sur l'art. 273 *de la cout. de Paris*, n° 8.

« tiers par des donations déclarées entre vifs sans que les « donateurs en reçussent aucune incommodité, et sans rien « diminuer des droits qu'avaient avant les donations et sans « se dépouiller eux-mêmes des choses données, contre la « nature et la substance des donations qu'ils feraient et dans « le dessein seulement de frustrer leurs héritiers de leurs « biens; car, comme il est permis de disposer de tous ses « biens par donation entre vifs, sans distinction de propres et « d'acquêts, et que la faculté de disposer des biens par der- » nière volonté est restreinte et bornée par toutes nos cou- « tumes, quand on voudrait dépouiller ses héritiers de tous « ses biens, on choisirait cette voie, par laquelle on éluderait « la disposition de la coutume faite en faveur des héritiers. « C'est pour cette raison que nos coutumes y ont pourvu, dont « la plupart permettent de disposer de tous ses biens par « donation entre vifs, mais elles ont voulu que les donateurs « se dépouillassent eux-mêmes par icelles de la propriété des « choses données, pour ôter aux héritiers toute occasion de se « plaindre. »

Pour bien comprendre ces explications il faut savoir que la majorité des coutumes, en vertu de la réserve des quatre quints, ne permettaient de disposer par testament que de la cinquième partie des propres, tandis que l'on pouvait disposer de tous ses propres par donation entre vifs.

Or, si le dessaisissement n'avait pas été exigé, on aurait pu facilement éluder la loi en donnant tous ses propres par donation entre vifs tout en conservant pour soi la possession des choses données.

Mais notre règle est là pour empêcher cette fraude. Si quelqu'un veut faire une donation, il doit immédiatement se dessaisir des choses données.

S'il le fait, nous dirons, comme Argou[1], qui partage cette opinion, « qu'il n'y a pas de raison de l'obliger à avoir plus « d'égard pour ses héritiers qu'il n'en a pour lui-même ».

C'est en citant un passage d'Argou que M. Demolombe[2] s'écrie : « Nous voici cette fois dans le vrai ! »

«.... L'intérêt personnel du donateur a paru présenter « contre l'excès des donations entre vifs une garantie que « l'on ne trouvait pas, au contraire, dans les testaments; et « que le droit coutumier s'attachant à cette garantie a em- « ployé le moyen qu'il considérait comme le plus propre à la « rendre aussi efficace que possible. »

Malgré l'autorité de Demolombe, renforcée d'ailleurs de l'opinion de Batbie[3] et Bauby[4], nous ne pouvons pas admettre cette théorie.

En voici les motifs :

1) Elle n'explique nullement la nécessité de la tradition. Dans le très ancien droit, en effet, nous avons constaté que la tradition devait être réelle et que le donataire n'avait aucune action contre le donateur qui n'avait pas fait cette tradition; en conséquence, si ce dernier avait voulu frustrer ses héritiers sans souffrir lui-même de sa libéralité, il n'avait qu'à faire la donation et ne la confirmer que beaucoup plus tard, par la tradition. Il est vrai que, du temps de Ferrière, on avait déjà accordé au donataire une action en délivrance contre le donateur; mais il faut remarquer aussi qu'à la même époque l'emploi des traditions feintes était connu et pratiqué et que le donateur pouvait arriver au même résultat en se réservant

1. *Institutions du droit français*, liv. II, chap. 12, t. I, p. 273.
2. *Loc. cit.*, t. I, n° 25, p. 211.
3. *Revue critique*, t. XXVIII, p. 137-138.
4. *Revue pratique*, année 1862, p. 5.

l'usufruit de la chose donnée. Tout le poids de la donation retombait encore sur les héritiers. Où était donc la protection? D'ailleurs, en supposant même que du temps de Ferrière cette protection ait existé, cela ne prouverait encore qu'une chose, c'est que telle était la raison d'être de notre règle à ce moment-là et non pas à son origine.

Quant à la raison que c'est un moyen d'empêcher de disposer de tous les propres au préjudice de la réserve des quatre quints, cela ne peut être exact. Car si cela est vrai, comment se fait-il que nombre de coutumes telles que: Berry, Montfort-l'Amaury (art. 87, 88 et 145), Reims (art. 232 et 292), Châlons (art. 63-70), dans lesquelles la quotité disponible par testament et par donation entre vifs est la même, ont cependant admis la règle « Donner et retenir ne vaut »; tandis que d'autres coutumes comme celles de Lille, où la faculté de tester était plus restreinte, cette même règle n'avait pas été admise?

« Pour compléter l'épreuve, ajoute M. Desjardins[1], il faut « rappeler que l'ordonnance de 1731 imposa indistinctement « à tout le royaume les conséquences de l'irrévocabilité; elle « ne fit d'exception ni pour les coutumes qui ne mettaient « aucune différence entre la donation et le testament, ni « pour les pays de droit écrit, où n'existait aussi qu'une « seule légitime à invoquer contre ces deux actes. Les rédac- « teurs ne pensaient certainement pas à prévenir dans toute « la France les fâcheux effets d'une différence de quotité « disponible qui n'existait peut-être que dans la moitié. « Cette partie de l'Ordonnance, appliquée aux pays où cette « différence n'était pas admise, aurait été absurde. Il faut

1. *Loc. cit.*, p. 239. Voir d'ailleurs la question tout entière, p. 236 et suivantes.

« donc qu'une autre idée ait présidé à la rédaction de l'Or-
« donnance, que les rédacteurs aient attribué un autre sens,
« une autre origine à la règle « Donner et retenir ne vaut. »

Enfin Pothier[1] et de nos jours Grenier[2] ont basé notre règle sur une double idée : protection du donateur et de ses héritiers. Nous avons déjà vu que ces idées sont inadmissibles.

L'examen que nous venons de faire des diverses théories, proposées par les anciens auteurs, nous conduit à dire qu'aucune d'elles n'est satisfaisante.

Tous ces juriconsultes étaient bien d'accord pour dire qu'il n'y avait point de donations si le donateur ne se dépouillait pas complètement[3]; tous ont même justifié, plus ou moins bien, la raison d'être de ce principe; mais aucun d'eux n'a cherché

1. *Loc. cit.* sect. II, art. 2. Voici comment il s'explique : « La raison pour « laquelle notre droit a requis, pour la validité des donations, la nécessité de cette « tradition, ainsi que celle de l'irrévocabilité, se fait assez apercevoir. L'esprit de « notre droit français incline à ce que les biens demeurent dans les familles et « passent aux héritiers. Leurs dispositions sur les propres, sur les réserves coutu- « mières, le font assez connaître. — Dans cette vue, comme on ne pouvait juste- « ment dépouiller les particuliers du droit que chacun a naturellement de disposer « de ce qui est à lui, et, par conséquent, de donner entre vifs, nos lois ont jugé à « propos, en conservant aux particuliers ce droit, de mettre néanmoins un frein « qui leur en rendît l'exercice plus difficile. C'est pour cela qu'elles ont ordonné « qu'aucun ne pût valablement donner, qu'il ne dessaisit dès le temps de la dona- « tion, de la chose donnée, et qu'il ne se privât pour toujours de la faculté d'en « disposer, afin que l'attache naturelle qu'on a à ce qu'on possède, et l'éloigne- « ment qu'on a pour le dépouillement, détournât les particuliers de doner. »

2. Grenier. *Traité des donations, des testaments...* etc. Discours historique, p. 2, t. I.

3. « La donation entre vifs, disait Le Caron, est la vraie et absolue, par laquelle « le donateur donne en telle intention que la chose incontinent appartienne au « donataire et qu'il ne la puisse aucunement reprendre. » (Le Caron, *Mémorables observations du droit français Donat.*). Auroux des Pommiers s'exprimait aussi en ces termes : « Donner c'est transférer libéralement la propriété de la chose donnée « au donataire, le caractère de la donation entre vifs étant de dépouiller le dona- « teur de la propriété de la chose, et réserver par le même acte le pouvoir de dis- « poser de la chose donnée c'est révoquer sa donation, retenir en donnant. » (Sur

à se rendre compte de son origine première. — Ils croyaient, d'ailleurs, d'une façon générale qu'il avait été emprunté au droit romain. Pour la tradition, voici comment s'exprime Ricard[1] : « Le droit français, dans son origine, a été formé en « quelques parties sur le droit romain non pas tel qu'il a été « réduit dans les derniers temps, et tel qu'il s'observe « aujourd'hui dans les provinces que nous appelons du droit « écrit, mais qu'il est passé dans les Gaules en quelque temps « mitoyen.» Or, ce temps mitoyen, dont parle cet auteur, c'est précisément l'époque de l'ancien droit romain qui, à l'encontre du droit de Justinien, avait demandé une tradition réelle et effective[2] pour la validité des donations.

C'est à la loi Cincia que l'on rattachait généralement l'exigence de la tradition. Godefroy[3] nous dit : « Cincia lex « muneralis cohibendis donationibus lata mancipationis et « traditionis in donationibus necessitatem regulariter induxe- « rat » et selon cet auteur les « personæ exceptæ » dont parle cette loi seraient les personnes auxquelles on pouvait justement donner sans que la tradition fût nécessaire.

l'art. 212 de la cout. de Bourbonnais). Pothier dit aussi : « La parfaite libéralité « qui fait que le donateur préfère le donataire à lui-même pour la chose donnée, « est le caractère des donations entre vifs ; or, c'est une suite de cette préférence « que le donateur se dépouille au profit de son donataire. Ce dépouillement est donc « de la nature des donations entre-vifs. » (*Loc. cit.*, sect. II, art. 2.)

1. Ricard, *loc. cit.*, n° 905.

2. Denys du Pont tend à prouver que les coutumes suivent le droit des Pandectes, où « la donation n'était point parfaite par le seul consentement, et ne « donnait pas d'action, avant la tradition de la chose. » Le Caron dit de même : « Devant Justinien la donation n'était réputée parfaite sinon par tradition corpo- « relle ou mancipation.... » (*Mémorables institutions*). Et Ricard : « L'ancienne « maxime du droit civil était que, non stipulatione dominia acquiruntur, sed et « traditione..., et les donations, comme les autres, devaient être accompagnées « d'une tradition réelle et effective. » (N° 907.)

3. *Ad legem 4 C. Theod. de donat.*

« Avons-nous besoin, dit M. Desjardins[1], de faire observer « sur quelle confusion repose la théorie des anciens auteurs? « Ils ne distinguent pas ce qui est nécessaire pour la trans- « lation de propriété de ce qui est nécessaire pour l'existence « ou la validité de la donation, ou, s'ils font de la distinction, « comme du Pont, Le Caron et Ricard, ils la perdent immé- « diatement de vue. Sans doute, dans l'ancien droit romain, « la donation ne transfère pas par elle-même la propriété, la « règle existe encore dans le droit de Justinien qui se contente « de lui faire produire une créance. Mais si le donateur a « promis au donataire, sur la stipulation de celui-ci, n'est-il « pas obligé? Son obligation ne passe-t-elle pas à ses héritiers? « La donation est donc parfaite, sans tradition. Si notre ancien « droit avait suivi la législation des Pandectes, il aurait « reconnu à la simple convention, qui avait remplacé la « stipulation, la même force obligatoire, et la donation eût « été parfaite par le seul accord des parties. »

D'autres jurisconsultes rattachaient l'idée de la tradition au livre VIII, titre 12 de Donationibus du Code Théodosien, qui exige dans les donations une tradition subséquente : « et « corporalis traditio subsequatur ». Or il est reconnu maintenant, et Savigny l'a démontré suffisamment, que la tradition n'était exigée par le code Théodosien que comme moyen de preuve, qui d'ailleurs pouvait, difficilement c'est vrai, mais qui pouvait être remplacé par un autre, comme par exemple par un écrit[2].

C'est Merlin qui le premier a réfuté la théorie romaine de la tradition ; il avait commencé par l'admettre, puis, reconnaissant son erreur, il la combattit de toutes ses forces.

1. *Loc. cit.*, p. 316.
2. Desjardins, *Loc. cit.*, p. 317.

Quant à l'irrévocabilité, les anciens auteurs la considéraient comme tellement évidente qu'ils ne se donnaient même pas la peine de la démontrer. Ce principe, d'ailleurs, était admis dans toutes les coutumes et dans les pays de droit écrit. La meilleure preuve en est que l'Ordonnance de 1731 ne donna lieu à aucune contestation quant à l'existence même du principe; si d'Aguesseau rencontra des difficultés, ce n'est qu'au point de vue de ses applications. — Si le droit romain ne nous fournit pas l'explication de notre principe, quelle est donc sa véritable origine?

« C'est peut-être notre ancienne histoire, dit M. Desjardins[1], « qui nous apprendra pourquoi le dessaisissement actuel et « irrévocable a été regardé comme essentiel à la donation « entre vifs. »

Nous allons exposer, en résumé, la théorie si véridique de ce savant professeur, dont nous ne pouvons qu'admirer la logique.

La tendance qu'a tout homme à ne se dépouiller que très difficilement fait que souvent un donateur regrette sa générosité et voudrait bien reprendre les choses données. Il n'y a guère que la réflexion et le respect du droit d'autrui qui puissent arrêter cette tendance. Or, ces considérations n'existent justement pas dans une société barbare comme l'est toute société à l'origine. Nous ne serons donc nullement étonnés en constatant que les donations chez les anciens Francs ne présentaient aucune stabilité.

Cette stabilité était, d'ailleurs, d'autant plus difficile que les donations étant faites par des hommes riches, qui étaient en même temps forts et puissants, il leur était facile, en cas de

1. *Loc. cit.*, p. 320. La théorie de M. Desjardins est partagée par M. de la Ménardière. — M. Lesueur, *loc. cit.* de Terris. Pommier.

repentir, de reprendre les choses données d'entre les mains des donataires, gens généralement non seulement pauvres, mais faibles et isolés.

Si l'on ajoute à ces considérations les attaques auxquelles étaient sujettes les donations de la part des héritiers des donateurs qui se considéraient comme frustrés par ces libéralités, surtout dans cette société où l'idée de co-propriété familiale n'avait pas cessé d'exister, on comprendra facilement que les donataires et même les donateurs ont dû chercher à réagir contre cet état de choses en assurant, par tous les moyens possibles, l'irrévocabilité des donations qu'ils faisaient. C'est pour cela que nous voyons, dès le VIe et le VIIe siècle, dans les lois des Burgondes et des Wisigoths, le principe de l'irrévocabilité expressément proclamé : « Res donatæ, si in præsenti traditæ « sunt nullomodo repetantur a donatore[1]. » Ce n'était pas là une disposition exceptionnelle, mais l'application d'une théorie générale qui se retrouve dans beaucoup de textes législatifs barbares[2]. Mais ces prescriptions des lois restent lettre morte, vu la faiblesse du pouvoir, qui ne pouvait en assurer l'observation, et la puissance de ceux qui y contrevenaient.

Ce que la loi était impuissante à faire, les particuliers l'essayèrent en introduisant dans les actes de donation des formules pour en assurer l'irrévocabilité. Dans les formules

1. Leg. Wisig. Ch. V. tit. II, § 6, Walter, t. I. p. 546.

2. Un capitulaire de Louis le Pieux dit : « Postquam hæc traditio ita facta fuerit, « hæres illius nullam de prædictis rebus valeat facere repetitionem (capitula « Ludovici pii ad Legem Salicam § 6 Canciani t. II, p. 172). Un autre capitulaire de Charlemagne dit : « Si quis voluerit cartam donationis cuilibet « facere, non sicut hactenus fieri solebat; jus sibi vendendi, donandi, commu- « tandi et per aliam cartam camadem res alienandi reservet potestatem, sed abso- « lutæ faciat unusquisque quod velit (Leges Caroli Magni § 78 Canciani t. I, p. 158). Dans le même sens : leges Rotharis § 174 Canciani t. I, p. 76), Lex Alamannorum (tit. I, § 2 Canciani t. II. p. 523).

de Marculphe, qui datent du VIIe siècle, nous voyons les rois déclarer le droit incommutable du donataire[1], et pour que cette volonté ne soit pas méconnue par les successeurs le donataire leur demande une confirmation[2].

Plus encore, même dans les cas où les donations n'étaient pas faites par le roi, mais par un simple particulier, les donataires s'adressaient encore à lui pour en obtenir la confirmation.

Au temps des Carlovingiens, le même état de choses continue, nous trouvons encore des formules non moins nombreuses dans le même sens. Pour assurer davantage encore l'efficacité des libéralités qu'ils font, les donateurs insèrent des formules, s'engageant pour eux et pour leurs héritiers à ne pas attaquer les donations : « Quod si ego ipse, quod futu-« rum minime credimus, aut ullus ex heredibus meis contra « hanc cessionem venire præsumpserit[3]... » ou encore : « Si « ce que nous ne pouvons croire, soit nous-même, à Dieu ne « plaise, soit quelqu'un de nos héritiers, ou de ceux qui en « tiennent place[4].... »

Ils prononcent des malédictions terribles contre tous ceux

1. « Suis posteris, Domino adjuvante, ex nostra largitate, aut cui voluerit ad « possidendum relinquat vel quidquid exinde facere voluerit, ex nostro permisso « liberam in omnibus habeat potestatem. » (Lib. I. Prologi de cessionnibus regis c. 14 et 15. Canciani, t. I, p. 199).

2. En voici le résumé : La piété commande de maintenir les actes des parents, surtout lorsqu'ils sont faits au profit de l'Église ou des saints. Tel évêque a fait savoir que tel roi a donné à son église telle ville et nous demande de confirmer la donation. Nous la confirmons au nom de Dieu, de telle sorte qu'elle demeure pour toujours à cette Église et que celle-ci en ait la libre et entière disposition. La confirmation se fait dans les mêmes termes au profit d'un laïque (cité par M. Desjardins, p. 332). (Rosière. *Recueil des formules*, p. 195 et 197.)

3. *Capitulaire* de Beaulieu, ch. 172, année 861. C'est une des formules les plus usitées.

4. Cité par M. Desjardins. *Loc. cit.*, p. 325.

qui chercheraient à détruire l'effet de la donation. On en peut trouver un résumé, dit M. Reverdy[1], dans l'introduction qui précède le cartulaire de Lérins : « L'auteur de la donation « menace le violateur de la charte simplement de l'anathème « ou des malédictions contenues dans l'ancien et le nouveau « Testament, des malédictions des douze apôtres, des douze « martyrs, des douze confesseurs et des douze vierges, ou des « peines éternelles en compagnie de Pilate et de Caïphe, de « Judas, de Dathan et d'Abiron, de Gog et de Magog ; dans « une charte, il confie sa vengeance à Dieu, à sainte Marie, « à saint Honorat et à tous les saints de l'île de Lérins ; dans « une autre charte, enfin, la malédiction est absolument « païenne : « Perdat eum de populo rapidus vertex tartareus-« que Cheribdis[2] ».

M. Reverdy nous cite à titre d'exemples une charte du cartulaire de Saint-Victor : « qui contram donationem istam « ire, agere vel inquietare voluerit, prius iram Dei omnipo-« tentis et omnium sanctorum incurrat, et induatur maledic-« tionem sicut vestimentum et intret sicut aqua in viscera « ejus, et sicut oleum in ossibus ejus, et absorbeat eum « terra vivum sicut Dathan et Abiron fecit, et subfochent eum « omnes maledictiones quæ in veteri et in novo testamento « scripta sunt[3] », et une charte de donation à la cathédrale d'Uzès : « Et si aliquis homo, aliquod molimen aut insidias « excitare voluerit extra limina sancta Dei ecclesiæ sit alienus « atque extraneus, et corpus et sanguinem Domini nostri « Jesu Christi non sit dignus accipere, et si receperit eum, « veniat illi in opprobrium et improprium, et a trecenti et

1. *Loc. cit.*, p. 539.
2. *Cartulaire* de Lérins. Introduction, p. XIX.
3. *Cartulaire* de Saint-Victor, ch. 169, ann. 1000.

« octo fratres qui fuerunt in Nicæno concilio fiat damnatus « et excommunicatus, sicut Arius et alii heretici qui ecclesiam « Dei scindere conati sunt; et insuper fiat anathema, mara- « nata quatenus omnes maledictiones veteri et novi testa- « menti super eum redundent, et in antea donatio ista firma « et stabilis permaneat[1] ».

Remarquons que ces formules ne contenaient quelquefois pas des simples imprécations, mais elles infligeaient de véritables peines telles que l'excommunication, qui à cette époque-là avait une énorme importance.

Souvent le donateur va plus loin et fixe une amende contre celui qui enfreindrait sa volonté, et pour mieux assurer la répression de toute usurpation, il intéresse au paiement de l'amende le fisc ou toute autre personne qui intenterait le procès contre celui qui attaquerait la donation. « Si ce que « nous ne pouvons croire, quelqu'un de nos héritiers, la « cruelle cupidité des juges, ou une personne quelconque, « réclame, en se mettant en contradiction, sous quelque « prétexte que ce soit, avec notre volonté, qu'il soit chassé « de la réunion de tous les chrétiens, et de l'Église, qu'il « n'ait d'autre société que celle de Judas qui trahit Notre « Seigneur Jésus-Christ, que de plus il paye au monastère « ou aux frères y résidant, ensemble au fisc très sacré, « associé dans les actes et dans la poursuite tant de livres « d'or, tant de livres d'argent, et qu'il ne puisse même pas « ainsi revendiquer ce qu'il réclame[2]. »

Malgré ces précautions, malgré les capitulaires de Charlemagne et de Louis le Débonnaire, les grands ou leurs héritiers reprenaient quand même ce qu'ils avaient donné;

1. Donn. à la cath. d'Uzès, ann. 823. Dom Vaissette, t. I, preuves, p. 62.
2. Desjardins, *loc. cit.*, p. 324.

les donations étaient chaque jour méconnues et violées.

A l'époque féodale, les donations sont aussi peu stables qu'auparavant. Le moine Orderic Vital nous cite une quantité d'exemples, qui nous montrent qu'il fallait d'abord demander la confirmation du seigneur, même si les biens ne dépendaient pas de lui, ensuite celle des enfants du seigneur. La femme et les enfants du donateur devaient aussi signer l'acte.

Toutes ces adhésions : seigneur, enfants, parents, devaient être payées par le donataire[1], ce qui souvent coûtait bien cher, elles diminuaient bien la donation, mais au moins elles en assuraient la stabilité.

Bracton, dans un ouvrage[2] postérieur à celui de Orderic Vital, consacre tout un chapitre aux confirmations : « Comme « quelquefois les donations, quoiqu'elles soient parfaites, « sont empêchées par les héritiers, le donataire a besoin « tantôt de la confirmation des héritiers, tantôt de celle « des seigneurs, du roi par exemple, ou des seigneurs « inférieurs.... La confirmation est la consolidation d'un « droit antérieur et d'une propriété acquise, avec la première « stabilité de la donation; car elle n'attribue rien de « nouveau, mais consolide et confirme le droit ancien.... « Si l'héritier a confirmé le don de son prédécesseur ou d'un « autre, que le don ait été parfait ou imparfait, valide ou « non, il ne pourra plus être attaqué. »

Nous avons vu aussi que ce même auteur, de même que Britton, demandait avec beaucoup de sévérité la tradition

1. « A l'un on donnait une once d'or, à l'autre quarante sous, dix sous, cinq « marcs d'argent et un excellent cheval et les contestations aboutissaient à des « transactions naturellement plus onéreuses encore. On comprend sans peine que « les héritiers des donateurs s'empressaient ou de réclamer ou de confirmer ». (Desj. *loc. cit.*, p. 330 et 331.)

2. *Des saisines*, c. 25.

réelle, l'abandon complet des choses données, et tout cela pour empêcher que les héritiers, ces ennemis implacables des donations, ne trouvent la plus faible présomption qui puisse faire élever un doute sur l'intention du donateur.

Le résultat de toutes ces précautions, de toutes ces luttes incessantes des donateurs et des donataires contre les usurpateurs, fut que, l'ordre renaissant, la justice et les lois reprenant leur autorité, l'irrévocabilité des donations finit par être consacrée. Ce principe de droit arrive à garantir, sans l'aide des confirmations, la volonté du donateur et le respect des conventions.

Mais ce principe avait tellement eu de peine à s'établir, il avait rencontré, comme nous venons de le voir, tellement de résistance, que les jurisconsultes jugèrent indispensable de le proclamer d'une façon tout à fait particulière, afin de le faire reconnaître et de le faire respecter.

Cette insistance à faire valoir l'irrévocabilité des donations, tandis qu'on ne l'exprime même pas pour la vente, louage, etc., qui sont cependant irrévocables, a fait croire plus tard que ce principe est non pas de la nature, mais de l'essence même des donations[1]. Petit à petit cette façon de voir se développa, fut consacrée par l'Ordonnance de 1731 et acceptée par le Code. « Et voilà comment, conclut M. Desjardins, la donation devint « le plus irrévocable de tous les actes, précisément parce que « durant plusieurs siècles elle en avait été le moins solide. »

« Quant à la tradition, dit cet auteur, exigée à l'origine « pour la donation comme pour tous les actes translatifs de « propriété, elle acquit une importance particulière, à cause

1. Il est probable que la théorie qui fait de l'irrévocabilité une clause essentielle des donations s'est établie vers la fin du XVIe siècle au moment de la seconde rédaction des coutumes.

« des difficultés qu'eut l'irrévocabilité à se faire admettre. « Pour que le donateur et ses héritiers eussent perdu tout « droit sur l'objet de la donation, il fallait au moins qu'ils « eussent voulu se dépouiller complètement. Plus les consé- « quences d'une convention sont graves, plus il faut se garder « de les attacher à un simple projet. Qu'il n'y ait pas moyen « de revenir sur un acte, mais sur un acte consommé. « L'esprit des Normands, jadis fertile en ruses, imagina des « traditions apparentes qui trompaient tout le monde, même « le donataire. Le donateur laissait un serviteur ou des meu- « bles sur le bien donné. Les héritiers réclamaient ensuite, « comme si ce bien n'eût jamais été livré. Les jurisconsultes « déclarèrent que la tradition devait être complète pour être « réelle. Ils assuraient l'irrévocabilité en même temps que la « sincérité de la donation[1]. »

Voilà la vraie origine de la maxime : « Donner et retenir ne vaut », il ne nous reste plus qu'à étudier ses applications dans le droit actuel.

1. Desjardins, *op. cit.*, p. 334 et 335.

DEUXIÈME PARTIE

DE LA RÈGLE « DONNER ET RETENIR NE VAUT » DANS LE DROIT ACTUEL

PRÉLIMINAIRES

SENS DE LA MAXIME D'APRÈS L'ARTICLE 894

L'Ordonnance de 1731 avait réussi à produire une certaine unité dans la législation, tant coutumière que de droit écrit au point de vue des donations.

Les principes de cette Ordonnance, ébranlés un peu pendant l'époque intermédiaire par des lois plus ou moins arbitraires et mal comprises[1], furent cependant repris et définitivement consacrés par le Code de 1804.

Il en fut ainsi de la règle : « Donner et retenir ne vaut », elle passa dans l'article 894 du Code civil qui définit la donation : « Un acte par lequel le donateur se dépouille actuelle-« ment et irrévocablement de la chose donnée au bénéfice du « donataire qui l'accepte. »

Il semblerait à première vue que les mots « actuellement et

1. Lois du 5 brumaire et du 17 nivôse an II.

irrévocablement » employés par l'article 894, ne sont que la reproduction abrégée de l'ancien article 274 de la *coutume de Paris* : « C'est donner et retenir quand le donateur s'est « réservé la puissance de disposer librement de la chose « donnée, ou qu'il demeure en possession jusqu'au jour de « son décès. »

On serait donc tenté de croire que dans la législation actuelle on exige encore comme dans l'ancien droit un dessaisissement actuel, une tradition de fait. Or, ce n'est pas là le sens du mot actuellement employé par notre article; le droit civil, contrairement à l'ancien droit, n'exige plus pour la transmission de la propriété de la chose donnée aucune espèce de tradition. C'est ce qui résulte de l'article 938 qui dit : « La donation dûment acceptée sera parfaite par le seul « consentement des parties ; la propriété des objets donnés « sera transférée au donataire sans qu'il soit besoin d'autre « tradition. » Cet article n'est d'ailleurs que l'application aux donations d'un principe général formulé par l'article 1138, alinéa I : « L'obligation de livrer la chose est parfaite par le « seul consentement des parties. »

La dernière partie de l'article 938 a donné lieu à de grandes discussions. Que signifient, en effet, les mots : « sans qu'il soit besoin d'autre tradition? »

« Rédaction étrange, dit M. Demolombe[1], qui paraîtrait « impliquer elle-même la nécessité d'une certaine espèce de « tradition puisqu'elle déclare que celle-là suffit et que l'on « n'en exige pas d'autre. »

On peut cependant s'expliquer cette rédaction en se rapportant à l'historique de la question. Dans l'ancien droit coutumier, nous l'avons vu, le consentement des parties

1. *Traité des donat.*, t. III, n° 227, p. 197.

ne suffisait pas pour transférer la propriété de la chose donnée, il fallait en outre que la tradition soit effectuée. Cette tradition pouvait être réelle ou feinte. Parmi les moyens de tradition feinte, Pothier nous cite dans la *coutume d'Orléans* la clause de dessaisine-saisine : « Dessaisine et saisine faites « présent notaire de cour laye de la chose aliénée, valent et « équipolent à tradition de fait et possession prinse de la « chose, sans qu'il soit requis autre appréhension[1]. » C'est-à-dire que la tradition de fait s'opérait sans aucun fait de tradition par la simple insertion dans l'acte de la déclaration du donateur qu'il se dessaisit de la chose donnée et qu'il en saisit le donataire. — Il est vrai, comme le fait remarquer Pothier lui-même, et comme nous l'avons constaté, d'ailleurs, cette clause n'est considérée comme suffisante que dans la *coutume d'Orléans*, et encore sous quelques réserves déjà indiquées, « mais il est probable, dit M. Beugnet, que cette « clause devint de style et qu'on doit fréquemment la ren-« contrer dans les actes. »

C'est précisément cette clause de dessaisine-saisine, devenue de style, que les rédacteurs du Code paraissent supposer sous-entendue dans les actes de donations, dès qu'il y a consentement des parties. Les mots « sans qu'il soit besoin d'autre tradition » signifieraient : sans qu'il soit besoin de la tradition de fait, outre la tradition de droit qui s'accomplit par le seul consentement. C'est, d'ailleurs, ce que disait le projet de la Commission du gouvernement : « sans qu'il soit besoin « d'autre tradition que celle qui résulte du consentement. »

Mais, si l'expression « se dépouille actuellement » ne se réfère pas à la tradition, vu que la tradition n'est plus exigée

1. Art. 278 de la *coutume d'Orléans*. Pothier, *Introduction* au titre XV.

dans le droit actuel, que signifient donc ces mots employés par l'article 894?

Cela signifie que le donateur doit conférer immédiatement au donataire un droit, dont celui-ci ne puisse plus être dépouillé par la volonté du donateur.

Cette conséquence ressort d'une manière évidente quand l'on compare notre article 894 à l'article 895 qui définit le testament : « un acte par lequel le testateur dispose pour le « temps qu'il n'existera plus, de tout ou partie de ses biens, « et qu'il peut révoquer. »

Le testateur ne se dépouille donc pas d'une façon actuelle, puisqu'il ne dispose que pour le temps où il n'existera plus. « Et non seulement il ne dispose pas pour aujourd'hui; mais, « à bien prendre les choses, il ne dispose pas aujourd'hui : « il ne fait pas actuellement une disposition, une aliénation, « mais seulement un projet d'aliénation qui ne doit se « réaliser qu'à sa mort et par sa mort[1]. » Le légataire d'un autre côté ne jouit que d'un droit éventuel, d'une simple espérance[2], car le legs deviendra caduc par son prédécès et en outre ce même legs peut être anéanti par la volonté du testateur.

C'est justement pour faire ressortir cette différenee entre la donation entre vifs et le testament, que le législateur a employé les mots : « le donateur doit se dépouiller actuellement ». A partir du moment où la donation a été faite, le donataire a un droit acquis; il a contre le donateur un droit de créance qui fait immédiatement partie de son patrimoine, et qu'il transmet à ses héritiers ou ayants cause indépendam-

1. Marcadé, sur l'art. 896, t. III, n° 452, p. 362.

2. Baudry-Lacantinerie et Collin, *Traité des donat.*, t. I, n° 19, p. 7. Cf. Demolombe, Marcadé.

ment de la volonté du donateur. Au surplus, ce droit que la donation confère au donataire peut être pur et simple, à terme ou conditionnel. En exceptant le cas d'une donation pure et simple, qui correspond « ad litteram » aux termes de loi, occupons-nous des donations à terme et des donations conditionnelles.

Les premières sont permises; car en apposant un terme à une donation on ne fait qu'en différer l'exécution; le droit du donataire existe immédiatement; le donateur s'est donc dépouillé actuellement. Il en est de même des donations sous conditions suspensives ou résolutoires; elles aussi se conforment au dépouillement actuel, vu que du jour même de la donation le donataire est saisi du droit que lui a transmis le donateur. Ce droit est bien soumis aux mêmes conditions, quant à son existence ou à sa résolution, que la donation elle-même, mais, pourvu que ces conditions ne soient pas potestatives, le donateur ne peut en rien diminuer le droit du donataire. Le Code, d'ailleurs, reconnaît implicitement la validité de ces donations, lorsque dans son article 944 il n'annule que les donations faites sous conditions potestatives.

En dehors de l'actualité du dépouillement, l'article 894 exige que ce même dépouillement soit irrévocable. Ce mot signifie que le donateur ne doit se réserver aucun moyen direct ou indirect qui lui permette de reprendre la chose donnée, en révoquant la donation par lui faite.

Dans un sens strict, cela voudrait dire que la donation ne peut être faite sous aucune espèce de condition, même sous une condition casuelle, car si le hasard veut que la condition se réalise, la donation deviendra nulle et le donateur reprendra les choses données.

Or, certainement, cela n'a pas été dans l'intention du législateur, ce que nous venons de dire sur les conditions nous le prouve suffisamment, et l'étude historique que nous avons faite nous a démontré que tout ce que le caractère d'irrévocabilité des donations exigeait, c'est que le donateur ne fasse pas dépendre la donation d'une condition sujette à sa volonté.

« Car, dit Ricard[1], quoiqu'il soit de la nature des donations « entre vifs qu'il ne soit pas au pouvoir de la faire valoir, ou « de la rendre sans effet, cela n'empêche pas qu'il ne puisse « être stipulé qu'elle sera valable, ou qu'elle demeurera sans « exécution en un certain cas, pourvu qu'il soit défini et qu'il « ne dépende pas absolument de la volonté du donateur ; car « cette donation, qui est faite pour avoir son effet en un cas, ne « laisse pas d'être parfaite en sa disposition dès l'instant de la « donation, quoique la condition ne soit pas échue. » — La doctrine et la jurisprudence sont d'accord sur ce point[2].

En sens inverse, presque tout le monde est d'accord pour décider la nullité de la donation, faite sous une condition potestative telle que la définit l'article 1170 ; c'est-à-dire d'une condition qu'il serait au pouvoir du donateur de faire arriver ou d'empêcher.

Il reste une troisième catégorie de conditions, celles que l'article 1171 appelle mixtes : « celles qui dépendent « tout à la fois de la volonté de l'une des parties con- « tractantes et d'un tiers ». — Sur la question de savoir si une donation contenant des conditions de cette dernière classe serait ou non valable, la controverse est bien grande, mais nous ne l'examinerons que plus tard en étudiant

1. *Loc. cit.*, n° 1444.

2. Duranton, t. VIII, n° 475 ; Vazeilles, *Succ. et donat.*, t. II, sur l'art. 944 ; Demolombe, t. III, n° 419, p. 379 ; Baudry-Lacantinerie et Collin, *Traité des donat.*, t. I, n° 1462, p. 600 ; Cassation, 30 août 1880. S. 81, I, 57.

l'article 944 ; qu'il nous suffise donc de savoir pour le moment que ce que l'article 944 entend par dépouillement irrévocable c'est celui où le donateur ne s'est réservé aucun moyen de revenir, par des agissements divers, sur la libéralité qu'il a faite.

Maintenant que nous connaissons la portée de ces deux mots : « actuellement, irrévocablement », nous pouvons voir que la règle « donner et retenir ne vaut » a perdu une de ses significations, la tradition, et se limite en la défense faite au donateur de disposer en tout ou en partie de la chose donnée.

Il ne nous reste, avant de passer aux applications de la règle, qu'à nous demander pourquoi le législateur du Code l'a admise et à quels besoins elle répond actuellement.

Cette question est d'autant plus intéressante, que certains auteurs ont prétendu que le maintien de la règle dans le droit civil actuel n'est dû qu'à l'esprit de routine des législateurs de 1804. M. Batbie demandait même l'abrogation des articles qui en font l'application, au nom de la liberté des conventions. La règle « donner et retenir ne vaut », introduite dans l'ancien droit en vue d'assurer la stabilité des donations, n'avait plus sa raison d'être au moment de la rédaction du Code, vu que le respect des conventions était suffisamment reconnu et accepté. Plus encore, elle porte atteinte à un principe très important du droit, savoir : la liberté des conventions.

Ces affirmations sont-elles bien exactes?

Nous ne le pensons pas. Il est certain que les motifs qui ont fait établir notre règle dans l'ancien droit n'existent plus de nos jours; aussi n'est-ce point pour ces raisons que le législateur l'a gardée en faisant passer dans le Code, sinon la formule elle-même, du moins les conséquences qu'elle comporte.

« C'est d'abord que la faculté de révocation accordée au « donateur aurait eu l'inconvénient grave de retirer en fait « les biens donnés de la circulation. Qui donc aurait consenti « à s'en rendre acquéreur à titre onéreux, avec la crainte de « voir l'aliénation résolue à la suite d'une révocation opérée « par le donateur ?

« Et puis ne voit-on pas qu'une donation révocable place- « rait le donataire dans une sorte d'état de sujétion à l'égard « du donateur ? Des donations de ce genre, si elles étaient « possibles, auraient pour résultat de compromettre la dignité « personnelle du donataire[1]. »

Ces considérations relatives au crédit public et à la dignité du donataire seraient déjà suffisantes ; mais ajoutons encore que la différence qui existe entre la donation entre vifs et le testament au point de vue des formes et des effets qu'elles produisent exigeait que la limite qui sépare ces deux modes de disposition fût nettement établie.

La distinction si capitale, dit Demolombe, qui sépare la donation entre vifs d'avec le testament eût été, en effet, fort souvent illusoire, si l'on avait pu emprunter les formes de l'un de ces modes de disposer, pour lui faire produire les effets réservés à l'autre, et pour faire, par exemple, un véritable testament sous la forme d'une donation entre vifs[2].

D'ailleurs, si comme on l'a prétendu, les rédacteurs du Code n'ont admis la règle que par routine, comment cela se fait-il que les législations les plus récentes ont admis cependant ce principe et même quelquefois d'une façon plus rigoureuse ? Ainsi, dans la législation italienne et espagnole, l'irrévocabilité des donations apparaît comme plus essentielle et comme plus

1. Baudry-Lacantinerie et Collin, *loc. cit.*, t. I, n° 27, p. 9.
2. Demolombe, *loc. cit.*, t. III, n° 369, p. 327.

absolue, car, tandis que le Code français permet les donations des biens à venir faites par contrat de mariage, les deux Codes suscités n'admettent même pas cette limitation.

« N'est-ce pas la meilleure réponse, disent avec raison « MM. Baudry-Lacantinerie et Collin, qu'on puisse faire aux « critiques de ceux qui ont reproché au Code civil d'avoir « trop facilement reproduit des applications surannées de « l'ancienne règle « Donner et retenir ne vaut[1] »?

Passons, d'ailleurs, à l'étude de ces applications et nous comprendrons encore mieux l'utilité du maintien de notre règle dans le Code français actuel.

1. Baudry-Lacantinerie et Collin, *loc. cit.*, t. I, n° 1433, p. 589.

APPLICATIONS DE LA RÈGLE
« DONNER ET RETENIR NE VAUT »

SECTION PREMIÈRE

Clauses contraires à la règle.

CHAPITRE PREMIER

DONATIONS DE BIENS A VENIR

« La donation entre vifs ne pourra comprendre, dit l'ar-
« ticle 943, que les biens présents du donateur ; si elle
« comprend des biens à venir elle sera nulle à cet égard. »

Cet article contient deux parties :

La première partie prohibe la donation des biens à venir en ne permettant que les donations de biens présents. La deuxième décide que dans une donation de biens présents et de biens à venir la donation ne sera nulle qu'à l'égard des biens à venir.

I. Nous avons déjà vu que la première partie de ce principe était admise dans l'ancien droit et que l'article 15 de l'Ordonnance de 1731 disait en termes formels, qu'une donation entre vifs « ne pourra comprendre d'autres biens que ceux qui « appartiendraient au donateur dans le temps de la donation. »

Les motifs de cette prohibition étaient :

1) Impossibilité de faire la tradition.

2) Une telle donation était contraire au principe d'irrévocabilité. « La raison est, dit Auroux des Pommiers, qu'à l'égard « des biens à venir, le donateur ayant la liberté d'acquérir, « et, ayant acquis de vendre ou autrement consommer en « dettes les acquisitions qu'il a faites, il est libre de rendre la « donation entièrement inutile : ce qui est absolument opposé « aux principes des donations entre vifs qui doivent être irré- « vocables et composées de choses certaines. »

3) Une telle donation aurait eu pour conséquence, en cas de prédécès du donataire de faire acquérir à celui-ci des biens que le donateur n'aurait acquis qu'après ce décès, or comme disait Ricard « non videntur enim data, quæ eo tempore quo « dantur accipientis non fuint ». — Les biens acquis après la mort du donataire auraient passé entre les mains de ses héritiers, quoique lui-même n'en aurait jamais été propriétaire. Résultat incontestablement absurde.

4) On ajoutait encore que ces donations n'étaient pas dignes d'encouragement et qu'elles provoquaient presque toujours le repentir et qu'elles sont même, disait Ricard, accompagnées le plus souvent d'une sorte de dérèglement d'esprit. Nous avons démontré que le premier motif n'existe plus de nos jours, mais les autres ont encore aujourd'hui toute leur force et servent suffisamment à justifier l'interdiction des donations de biens à venir formulée par l'article 943.

Quant à savoir ce que l'on entend par biens présents et par biens à venir, notre article ne donne aucune explication là-dessus, l'Ordonnance de 1731 était, nous l'avons remarqué, beaucoup plus précise : « Aucune donation entre vifs ne « pourra comprendre d'autres biens que ceux qui appar-

« tiendront au donateur, dans le temps de la donation » (art. 15).

D'après les explications données par le commentateur même de cette Ordonnance, Furgole, il résulte que les biens présents sont tous ceux qui font partie du patrimoine du donateur au moment de la donation, et tous ceux qui doivent y rentrer plus tard, mais en vertu d'un droit que le donateur a déjà au moment où il fait la donation.

L'expression de « biens présents »[1] offre donc ici, dit Marcadé, un sens bien plus large que dans les cas ordinaires : elle embrasse toutes les choses, toutes les valeurs, sur lesquelles il est possible au donateur de conférer immédiatement un droit certain; il n'est pas nécessaire, pour qu'il y ait donation de biens présents, que le donateur ait actuellement la chose et en transfère de suite la propriété; il suffit qu'il puisse conférer, et qu'il confère effectivement, quant à cette chose, un droit, soit in re, soit ad rem, que la donation fera naître immédiatement et que ce donateur ne pourra pas anéantir ensuite.

Quant aux biens à venir on considère comme tels tous ceux qui non seulement n'appartiennent pas au donateur au moment de la donation, mais encore sur lesquels celui-ci n'a aucun droit même conditionnel, et qui ne pourront jamais tomber dans son patrimoine que par un effet de sa volonté, postérieur à l'acte de donation. Or, étant maître de sa volonté, en faisant une donation de tels biens, il serait au pouvoir du donateur de rendre la donation valable ou inefficace, ce qui serait tout à fait contraire à la règle « Donner et retenir ne vaut ».

1. Marcadé, *loc. cit.*, sur l'art. 943, n° 672, t. III, p. 554.

Voilà donc en quel sens il faut entendre les expressions : biens présents et biens à venir[1].

D'après ces explications, et en vertu de la première partie de l'article 943, on devra déclarer valables :

Les donations des fruits ou des produits d'un immeuble, que ces fruits soient nés ou qu'ils soient à naître à une époque déterminée. Étant, en effet, propriétaire de l'immeuble, je suis en même temps propriétaire des fruits qu'il produit ou produira à une époque déterminée. Le lien de droit qui se forme entre le donateur et le donataire est donc bien réel ; le donateur confère immédiatement au donataire un droit certain. Il est certain que, dans le cas d'une donation de fruits à naître, la donation peut ne pas produire son effet, soit parce que l'immeuble n'a pas produit des fruits à l'époque déterminée, soit parce que, par le fait du donateur, le donataire en est privé. Mais il faut remarquer que dans le premier cas c'est l'effet du hasard, et non de la volonté du donateur qui a fait échouer le droit du donataire, et dans le second, quoique le donataire est privé des fruits par le fait du donateur, qui a vendu l'immeuble ou en a détruit les fruits, etc., il n'en est pas moins vrai que la donation reste valable puisque le droit du donataire existe toujours, et se résout par des dommages-intérêts que le donateur sera obligé de lui payer.

« Sans doute, je pourrais aussi, dit Marcadé, en rendant « impossible l'exécution directe de l'obligation, rendre impos- « sible également l'exécution équivalente par des dommages- « intérêts, en dissipant mon bien et me rendant insolvable;

1. Tous les auteurs sont d'accord là-dessus : Demolombe, *loc. cit.*, t. III, n° 377, p. 336 et s.; Laurent, *Principes de droit civil*, t. XII, n° 414, p. 500; Baudry-Lacantinerie et Collin, *loc. cit.*, t. I, n° 1436-37, p. 590; Aubry et Rau, t. VII, n° 675, p. 150; Marcadé, t. III, sur l'art. 943, n° 671, p. 554; Pommier, *op. cit.*, p. 185; de Terris, *op.* p., *cit.*, 145; Lesueur, *op. cit.*, p. 228.

« en sorte qu'ici encore le droit du donataire finirait par se « réduire à rien. Mais si le donataire est réduit à rien, c'est « en fait, mais non pas en droit; c'est matériellement, mais « non pas juridiquement; en fait le donataire ne pourra rien « avoir, mais en droit sa créance existera, son action person- « nelle conservera toute sa force; mon obligation, mon lien, « le vinculum juris, durera toujours. Ce sera comme si, « après avoir donné ma maison en toute propriété, j'allais « tout de suite la démolir, ou la vendre à un tiers avant que « le donataire ait fait transcrire[1]. »

Il en sera de même de la donation dans laquelle le donateur, s'étant réservé l'usufruit d'un bien donné, dispose que tous les fruits ou fermages qui pourraient lui être dus à son décès reviendront au donataire. Voici comment Furgole s'exprimait là-dessus :

« Il semble d'abord qu'on doive décider que les arrérages « qui se trouveront dus au temps de la mort du dona- « teur, étant des biens à venir, et la donation comprenant « implicitement des biens à venir, et non existants, lorsqu'elle « est faite, elle doit être déclarée nulle, suivant la disposition « de notre article (XV) : cependant il faut décider au contraire « qu'elle est bonne et valable; car la convention que les arré- « rages non perçus par le donateur appartiendront au dona- « taire n'est pas une donation des biens à venir, ce n'est « qu'une modification de l'usufruit réservé par le donateur; « c'est-à-dire que l'usufruit n'est censé réservé, qu'autant que « le donateur aura réellement perçu les fruits pendant sa vie, « et ceux qu'il n'aura perçus, suivant l'effet donné, tout « comme si la pleine propriété et l'usufruit avaient été don- « nés; auquel cas tous les fruits auraient appartenu au dona-

1. Marcadé, *loc. cit.*, sur l'art. 943, n° 672, p. 555.

« taire, et l'Ordonnance ne défend pas de modifier, comme « on trouve à propos, l'usufruit réservé[1]. »

Cette façon de voir est, d'ailleurs, consacrée par la doctrine et la jurisprudence[2]. Dans un arrêt de la Cour de cassation du 27 janvier 1819, on dit : « Attendu que la disposition « est moins une donation de biens à venir, qu'une modifica- « tion de l'usufruit que le donateur avait réservé à son pro- « fit.... »

Sera encore valable, la donation qui aura pour objet les bénéfices que quelqu'un pourra retirer d'une société antérieurement contractée, dans des conditions telles, qu'elle serait obligatoire pour lui, et dont la durée ne serait pas facultative. Car, ce qui est donné, c'est le droit aux bénéfices et non pas ces bénéfices eux-mêmes, puisqu'ils n'existent pas encore; or, ce droit est présent et immédiatement acquis au donataire dès l'instant de la donation. Il en serait autrement si la participation du donateur ou la durée de la société était facultative. Dans ce cas, quoique le donataire aurait immédiatement un droit acquis, ce droit serait, cependant, au pouvoir du donateur qui peut le réduire à néant en se retirant de la société ou en la faisant dissoudre.

C'est pour les mêmes raisons, dit M. Demolombe, qu'on a pu décider que l'indemnité accordée aux émigrés par la loi du 27 avril 1825 avait pu faire l'objet d'une donation entre vifs avant la promulgation de cette loi[3].

Seront encore valables les donations de biens sur lesquels le donateur n'a qu'un droit de propriété conditionnel. Car,

1. Furgole, *loc. cit.* sur l'article 15, p. 125-126.

2. Demolombe, *op. cit.*, t. III, n° 384; Laurent, t. XII, n° 416, p. 502; Troplong, t. III, p. 1203 et plusieurs arrêts de la Cour de cassation : 25 pluviôse an III, S., tome I, 178; 14 floréal an XI, S., XI, 2 476, etc.

3. Cass., 25 novembre 1830. D. 1831, 1, 20.

selon l'accomplissement ou l'inaccomplissement de la condition, la propriété de la chose donnée restera ou ne restera pas dans le patrimoine du donateur. Dans le premier cas la donation s'accomplira et le donataire revendiquera la chose d'entre les mains du donateur, dans le second la donation ne se réalisera pas, mais son défaut d'efficacité est dû au hasard et non à la volonté du donateur[1].

Enfin, seront valables et rentreront dans les termes de l'article 943 toutes les donations dans lesquelles le donataire est saisi, dès le jour de la donation, d'un droit que le donateur ne peut plus reprendre ou détruire à sa volonté.

Par contre, il faut déclarer nulles :

Les donations de biens que le donateur se propose d'acquérir, attendu qu'il suffit au donateur de ne pas vouloir les acquérir pour que la donation devienne inefficace.

Serait de même nulle la donation de biens que le donateur est appelé éventuellement à recueillir en qualité d'héritier présomptif d'une personne encore vivante. En effet, une telle donation serait d'abord contraire aux lois, puisqu'elle contiendrait un pacte sur succession future; ensuite elle pécherait au point de vue de l'irrévocabilité, puisque le donateur pourrait renoncer à la succession et rendre ainsi la donation complètement inefficace. Il est certainement vrai que ces biens rentreront de plein droit dans le patrimoine du donateur, dès l'ouverture de la succession; mais il n'est pas moins vrai que, tant que le de cujus vit, le donateur n'a aucun droit « viventes non est hereditas », tout ce qu'il a pendant ce temps ce n'est qu'une simple espérance qui ne lui donne aucune action, aucun droit actuel ni conditionnel[2]. Dans le cas où la donation

1. C'était aussi l'avis de Furgole. V, l'exemple qu'il donne, p. 126-27, *loc. cit.*
2. Laurent, t. XII, n° 415, p. 501 ; Baudry et Collin, t. I, p. 591, n° 1440.

porte sur des biens appartenant à une succession déjà ouverte, si le donateur est saisi, cette donation sera valable[1], car le fait de disposer de tout ou partie de ces biens entraîne acceptation tacite de la part du donateur, qui a, par conséquent, transmis au donataire des biens qui lui appartiennent. Il en serait autrement de la libéralité qu'aurait faite une femme de sa part dans la communauté, car la faculté de renonciation que la loi lui accorde lui permettrait, dans certains cas, de revenir sur sa liberté, ce qui est contraire à notre règle.

Tomberait encore sous le coup de la prohibition de l'article 943, la donation de tous les biens que le donateur laissera à son décès; une telle disposition est certainement contraire à la règle « donner et retenir ne vaut », car, le donateur peut, en dissipant les biens qu'il a, et en négligeant d'en acquérir d'autres, rendre la donation purement illusoire.

II. La deuxième partie de l'article 943 décide qu'une donation qui contient des biens présents et des biens à venir sera nulle quant aux biens à venir, mais produira son effet quant aux biens présents. — Solution différente de celle qu'avait admise l'Ordonnance de 1731 qui annulait la donation tout entière : « Défendons de faire dorénavant aucunes donations des biens « présens et à venir à peine de nullité desdites donations, « même pour les biens présens, et ce encore que le donataire « eût été mis en possession, du vivant du donateur, desdits « biens présens, en tout ou en partie. » (Art. 15 in fine.)

Nous avons montré, dans la première partie de cette étude, les différentes opinions que l'on avait émises à cet égard avant l'Ordonnance de 1731 et les raisons qui ont fait triompher cette dernière. Aussi ne reviendrons-nous plus sur ce sujet.

1. Voir un curieux arrêt de la Cour de cassat. S. 24 avril 1827.

Mais, pourquoi donc le législateur de 1804 a-t-il abandonné le principe consacré par l'Ordonnance en adoptant un système contraire?

C'est parce que, dit Bigot-Préameneu, « on avait, dans l'Or-« donnance de 1731, déclaré nulle, même pour les biens pré-« sents, la donation qui comprenait les biens présents et à « venir parce qu'on regardait ces dispositions comme indivi-« sibles, à moins que l'intention contraire du donateur ne fût « reconnue. Il est plus naturel de présumer que le donateur « de biens présents et à venir n'a point l'intention de dispo-« ser d'une manière indivisible ; la donation ne sera nulle qu'à « l'égard des biens à venir[1]. »

En effet, n'est-il pas plus probable qu'il n'a pas été dans l'intention du donateur de faire une donation indivisible, et que dans sa pensée, au contraire, il a voulu que « utilem partem donationis non vitiari per inutilem? » Pourquoi, en effet, interpréter la disposition, justement dans le sens qui la rendrait inefficace, et annuler une donation de biens présents valable par elle-même, pour ce motif qu'elle est faite dans un acte qui contient en même temps une donation de biens à venir? Le donateur n'a certainement pas voulu faire quelque chose d'inutile, l'interprétateur de sa volonté doit donc, au contraire, envisager l'acte plutôt du côté où il peut produire un effet, que de celui qui le rendrait nul[2]. « Celui qui veut donner le plus entend certes donner le moins », dit, avec juste raison, M. Laurent[3].

Mais pourquoi alors, se demande M. Demolombe, n'a-t-on pas admis l'opinion de Ricard?

1. Bigot-Préameneu, Exposé des motifs, n° 46 (Locré, t. V, p. 327).
2. V. art. 1157 *C. c.*
3. Laurent, t. XII, n° 417, p. 503.

« Une observation, toutefois, nous a frappé, dit cet auteur, « c'est que la victoire semble toujours avoir appartenu (comme « il arrive hélas ! bien souvent !) à l'un ou à l'autre des partis « extrêmes ; et nous constatons, avec un regret véritable, la « mauvaise fortune que paraît avoir toujours eue, dans cette « controverse, l'opinion intermédiaire de Ricard[1]. »

Évidemment que M. Demolombe a raison en principe, mais le mal n'est pas bien grand selon nous ; vu que, malgré les termes formels de l'article 943, tout le monde est d'accord pour dire que cet article ne doit pas être interprété à la lettre. Ainsi, lorsque l'intention du donateur sera bien évidente, lorsqu'il sera établi que la donation n'a formé dans son esprit qu'un tout indivisible, on devra annuler la donation en entier et non pas seulement quant aux biens à venir, comme l'exige notre article. L'article 943 n'a nullement voulu poser une règle absolue, il n'entend établir qu'une présomption qui pourra être détruite par l'expression de la volonté du donateur. « La loi présume, dit Laurent, que la donation est divisible, « sauf à la partie intéressée à prouver l'intention contraire. « Bigot-Préameneu admet que la preuve contraire à la pré- « somption d'indivisibilité était admise dans l'ancien droit ; « donc on doit aussi l'admettre contre la présomption de « divisibilité consacrée par le Code civil[2]. »

Quant à savoir dans quels cas la manifestation de la volonté du donateur est suffisante pour empêcher la division, c'est une question de fait à résoudre par le juge. Ainsi si Primus donne tous ses biens présents et à venir à Secundus, cumulativement, en bloc, en ajoutant qu'il voulait en faire son héritier contractuel, il est évident que la donation ne pourra être

1. *Loc. cit.*, t. III, n° 411, p. 371.
2. Laurent, t. XII, n° 417, p. 504.

divisée, car cela serait manifestement contraire à la volonté du donateur. On devra par contre maintenir la donation pour les biens présents dans le cas où le donataire a été mis en possession de ces biens. Quelle meilleure preuve, en effet, de la divisibilité de la donation ? Il en serait de même si dans une donation de biens présents et à venir les biens présents auraient fait l'objet d'un état détaillé. Cet état nécessaire quant aux meubles (art. 948) servirait à manifester d'une façon évidente la volonté du donateur en facilitant en même temps la division des immeubles. Nous avons ainsi terminé l'étude de l'article 943 ; son application devrait ne donner lieu à aucune difficulté, cependant il y a quelques questions sur lesquelles on est loin d'être d'accord. De vives controverses se sont, en effet, élevées, tant en doctrine qu'en jurisprudence, sur la question de savoir si la donation d'une somme d'argent ou de choses fongibles, payables dans un certain temps et spécialement à la mort du donateur, était valable ou non. La question ne fait pas de doute, la donation est bien valable lorsqu'elle porte sur des choses certaines et bien déterminées. Le donataire acquiert immédiatement un droit actuel et irrévocable garanti par la transcription en cas de donation d'immeubles susceptibles d'hypothèque, par l'état estimatif lorsque les objets donnés sont des meubles.

En sera-t-il de même dans notre hypothèse[2]? Quatre systèmes sont en présence.

I. — Système. — Dans un premier système on soutient que toute donation de somme d'argent payable au décès du donateur est nulle, sans aucune distinction. Une telle donation, dit-on, est contraire à l'article 894, qui exige un dépouillement actuel et irrévocable ; or, dans l'espèce, il dépend de la volonté du donateur de rendre la donation inefficace, puisqu'il est libre de dissiper les biens présents, en négligeant d'en acquérir d'autres. Une telle donation pèche donc au point de vue de l'irrévocabilité. Il suffit, dit Pothier, qu'une clause laisse au donateur le pouvoir de détruire ou d'altérer l'effet de sa libéralité pour que la donation soit nulle.

En outre, dans une donation de somme payable au décès du donateur, celui-ci ne souffre aucun appauvrissement personnel, il ne fait supporter les conséquences de sa libéralité qu'à ses héritiers seulement. Or, cela est contraire à l'esprit de la loi qui, pour éviter les donations téméraires, veut que les conséquences en soient aussi supportées, au moins dans une certaine mesure, par le donateur lui-même.

Ajoutons, cependant, que les partisans de cette théorie admettent un moyen qui permet de détourner cette sévérité de leur conclusion, en rendant une donation de ce genre compatible avec la règle « Donner et retenir ne vaut ». Ils enseignent, en effet, que le donateur peut obtenir un résultat analogue à celui qu'il obtiendrait, en donnant une somme d'argent payable à son décès, en faisant une donation actuelle de cette somme, mais en s'en réservant le quasi usufruit jusqu'à son décès. Il est bien entendu que dans ce cas, le donateur, donnant une nue propriété, quoique fictive, mais actuelle et bien déterminée, ne pourra disposer que dans les limites de ses biens présents, à peine de nullité.

Ce premier système suivi pendant une période de seize ans par la Cour de cassation (1822 à 1838), fut cependant repoussé par la même Cour en 1839[1], qui, revenant sur ses arrêts antérieurs, considéra ce genre de donations comme ayant pour objet une créance et non pas une nue propriété.

1. Cass., 2 avri 1839.

Malgré la restriction admise par les partisans de cette théorie, nous ne pouvons pas l'admettre, vu qu'elle est trop restrictive.

On a dit d'abord qu'une donation de somme d'argent payable au décès du donateur serait contraire au principe d'irrévocabilité. C'est étendre trop loin la portée de la règle « Donner et retenir ne vaut ». En définitive, quand on donne aujourd'hui une somme payable plus tard, ce n'est pas précisément la somme que l'on donne, car le donataire ne reçoit pas d'argent, on donne une créance, un droit ad pecuniam. Or, du moment que cette créance est actuelle, certaine, dès à présent ouverte, et que son exigibilité seule est reculée, il y a donation d'une créance présente, d'un bien présent[1]. La transmission est en effet *actuelle* car le donateur est dès à présent débiteur et le donataire créancier, le terme ne suspendant point l'engagement, dont il se borne à retarder l'exécution, elle est en même temps *irrévocable*, vu que le donateur ne peut plus se délier de son engagement.

On objecte que le donateur, en dissipant ses biens présents et en négligeant d'en acquérir d'autres, peut réduire sa donation à néant. Certainement, mais l'impossibilité d'exécuter une obligation par suite de l'insolvabilité du donateur n'empêche pas sa validité. Le droit du donataire n'est pas résolu, il conserve son droit, illusoire et stérile, peut-être, mais bien positif et susceptible de transmission et qui correspond en outre à une charge certaine et irrévocable qui grève les biens du donateur.

Mais, dit M. Laurent[2], en citant Ferrière, le donateur ne peut, ni directement, ni indirectement, rendre inutile la dona-

1. Marcadé, sur l'art. 943, n° 673.
2. Laurent, n° 419, p. 505, t. XII.

tion qu'il a faite; ne la rend-il pas inutile en ne laissant pas de biens? A quoi lui sert ce droit illusoire qui lui reste?

Nous répondrons à cela d'abord que le droit en question n'est pas toujours illusoire, puisqu'il peut être exercé contre l'héritier pur et simple du donateur, et même prendre du vivant de ce dernier des mesures propres à maintenir l'efficacité de la donation. Nous verrons, en effet, que le donataire pourrait, si le donateur cherchait à soustraire ses biens à l'exécution de l'engagement qu'il a souscrit, user des droits qui appartiennent à tout créancier, faire des actes conservatoires, demander contre le donateur la déchéance du bénéfice du terme, et réclamer, suivant le droit commun, la révocation des actes faits par le donateur en fraude de sa créance.

D'ailleurs, si l'on admettait la théorie que nous combattons, on devrait déclarer nulle toute donation qui n'est pas suivie immédiatement d'exécution, vu que le donateur pourrait détruire la chose donnée avant la prise de possession et rendre ainsi la donation inefficace.

Quant au deuxième argument, basé sur l'esprit de la loi, on peut encore moins l'admettre, puisqu'il aurait pour conséquence d'annuler même les donations de ce genre portant sur des corps certains, et nous avons vu plus haut que tout le monde est d'accord sur la validité de ces donations.

II. — Système. — Le deuxième système, préconisé par Grenier et adopté par Vazeilles, est soutenu de nos jours par la grande autorité de M. Laurent.

Dans ce système, tout en déclarant, en principe, la nullité de la donation, on admet qu'elle est, cependant, valable, si pour assurer son efficacité « des immeubles présents sont spécialement hypothéqués par l'acte même[1] », ou bien, « si l'on affecte des biens présents au paiement de cette somme[2] »; en un mot si la donation est garantie de façon à ce qu'on soit sûr qu'elle produira son effet.

Les raisons que l'on donne pour soutenir cette théorie sont les suivantes :

1) L'hypothèque valide la donation, vu qu'elle assure le droit du donataire en restreignant le pouvoir du donateur de détruire la donation. « Pourquoi la donation est-elle nulle, « dans notre opinion? se demande M. Laurent. Uniquement « parce qu'elle est contraire à la maxime : « Donner et retenir « ne vaut ». En vertu du droit commun, elle est valable; si « donc on écarte le vice de révocabilité, la donation devient « pleinement valable. Eh bien! l'hypothèque empêche le dona- « teur d'altérer la donation, de la rendre inutile; elle valide « donc la donation en assurant le droit du donataire contre le « pouvoir illimité que le donateur a de disposer de ses biens « et partant de détruire la donation. Rien de plus juridique, « si l'on se place sur le terrain de l'irrévocabilité des dona- « tions, et c'est bien là le vrai terrain du débat[3]. »

2) La tradition est en ce sens. Or, dans une matière purement traditionnelle comme l'est notre règle, c'est à elle qu'il faut recourir en cas de doute.

Voici comment s'exprime Pothier :

« Lorsque quelqu'un me fait donation d'une certaine somme, « ou d'une rente payable seulement après sa mort, dont il se « constitue envers moi le débiteur, je pense que la donation « est valable, et que je dois être censé suffisamment mis en

1. Grenier, *loc. cit*, t. I, p. 277, n° 7 et 7 bis.
2. Vazeilles, sur l'art. 943, n° 3, t. II.
3. Laurent, *loc. cit.*, t. XII, n° 419, p. 506.

« possession de la chose donnée, par l'acte même de donation « par lequel je suis fait, d'une manière irrévocable, créancier « de la créance qui m'est donnée, et par la clause de dessai- « sine par laquelle le donateur se dessaisit envers moi de ses « biens jusqu'à due concurrence en les chargeant de cette « dette envers moi[1]. »

Pothier exige donc que le donateur se dessaisisse au profit du donataire de ses biens jusqu'à due concurrence, et il charge ces biens de la dette envers le donataire.

Pourquoi ajoute-t-il ces restrictions? dit M. Laurent. La chose est évidente, ces restrictions étaient commandées par la maxime: « Donner et retenir ne vaut ». Il fallait garantir le donataire contre le pouvoir que le donateur a de disposer de ses biens et de détruire la donation ou de l'altérer[2].

On cite encore Ricard, qui en parlant d'une rente que le donateur crée sur ses biens en faveur du donataire dit: « On de- « mande encore à ce sujet si une donation, par exemple, de « mille livres de rente à prendre sur les biens du donateur, « pour commencer à en jouir après son décès, peut valoir en « qualité de donation entre vifs. Je n'estime pas que l'affir- « mative soit susceptible de difficulté, d'autant que pour ce qui « est de la tradition de fait...; et à l'égard de la tradition « de droit, elle se rencontre suffisamment faite par cette es- « pèce de donation, au moyen de ce que les biens du donateur « sont affectés à la rente, dès le moment que la donation a été « faite, de sorte qu'il ne peut plus les aliéner qu'à la charge « de la rente[3]. »

Ricard entend bien que les biens du donateur doivent être

1. Pothier. Introd. au titre XV de la *cout. d'Orléans*, § 2, n° 24, p. 297, t. XVII.
2. Laurent, *loc. cit.*, t. XII, n° 419, p. 506.
3. Ricard, *loc. cit.*, n° 1036, t. I, p. 263.

affectés à la rente, et cela, dès l'instant où la donation a été faite.

Enfin Ferrière est d'avis que la donation d'une somme d'argent payable à la mort n'est pas valable comme donation entre vifs, à moins que l'acte de donation ne porte hypothèque sur les biens que le donateur a lors de la donation[1].

Quoique cette théorie soit des plus spécieuses nous croyons cependant ne pas pouvoir l'admettre.

Qu'une hypothèque ou toute autre garantie puisse rendre valable une donation qui au début est nulle, nous semble un résultat bien bizarre. L'existence d'une créance ne saurait dépendre des sûretés qui l'accompagnent. Pour juger d'un engagement, il faut toujours le considérer en lui-même et non dans une clause simplement accessoire.

Comment, en effet, pourrait-on admettre qu'une disposition accessoire rende valable une disposition principale nulle?

« L'hypothèque, dit Demolombe, n'est qu'une garantie « accessoire qui implique une obligation principale valable « par elle-même (art. 2012, 2114); elle en assure le paye- « ment sans doute, d'une manière plus efficace; mais elle n'a « trait qu'à l'exécution, et non point à la validité intrinsèque « de la créance.

« Et cette règle générale est d'autant plus applicable à la « donation en particulier, que précisément l'article 602 dis- « pense, de la manière la plus absolue, pour tous les cas sans « distinction, le donateur de l'obligation de fournir caution, « lorsqu'il s'est réservé l'usufruit de la chose donnée[2]. »

On a bien objecté que la nullité de la donation ne provient que du vice de révocabilité, et que l'hypothèque la rend valable

1. Ferrière, *Comment. sur la cout. de Paris*, t. III, p. 1229, n°s 5 et 6.
2. Demolombe, *loc. cit.*, t. III, n° 591, p. 545.

en ce sens qu'elle la purge de ce vice dont elle est entachée; mais cette objection ne nous paraît pas décisive.

L'hypothèque limite la faculté de disposer du donateur, elle ne l'empêche cependant pas de détruire ses biens, s'il le veut, ou tout au moins, de les détériorer, et de diminuer ainsi les sûretés de la donation, qui ne pourrait plus être exercée que d'une manière imparfaite.

En conséquence, si la donation était révocable, une hypothèque ne suffirait pas pour la rendre valable.

Quant au deuxième argument que M. Laurent tire de la tradition et des anciens auteurs, il est encore plus discutable. Le passage de Pothier que nous avons cité d'après M. Laurent est invoqué pour prouver tout à fait le contraire, par M. Demolombe[1].

Examinons, d'ailleurs, ce texte. Pothier dit qu'il croit une telle donation valable, parce qu'il est censé suffisamment mis en possession de la chose donnée « par l'acte même de dona- « tion par lequel je suis fait, d'une manière irrévocable, « créancier de la créance qui m'est donnée ». C'est vrai qu'il ajoute : « Et par la clause de dessaisissement par laquelle le « donateur se dessaisit envers moi jusqu'à due concurrence ». Mais, n'oublions pas que du temps de Pothier la tradition réelle ou feinte était encore exigée en matière de donation et nous croyons que ces dernières paroles se rapportent justement à cette tradition.

Notre passage s'interpréterait donc de cette façon, selon nous : la donation d'une somme à prendre au décès du donateur est valable, puisque, par l'acte même de donation, je suis fait immédiatement et d'une manière irrévocable créancier du donateur, et qu'en outre tradition m'est faite par le

1. *Loc. cit.*, t. III, n° 392, p. 347.

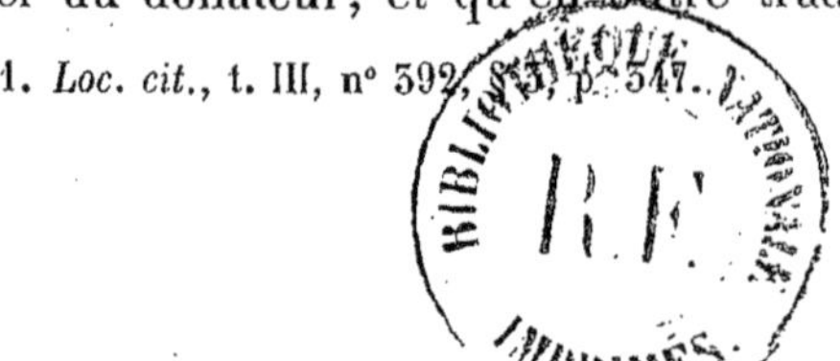

donateur qui se dessaisit envers moi jusqu'à due concurrence.

Ce qui nous fait croire que c'est comme cela qu'il faut entendre ce passage, c'est que d'abord il se trouve au § 2 du Dessaisissement, ensuite et surtout, parce que Pothier cite immédiatement, en faveur de son affirmation, un passage de Ricard où cet auteur traite justement de la tradition. « Il y a « encore une autre espèce de rente que le donateur crée sur « ses biens en faveur du donataire..., et si la jouissance du « donataire doit être différée après la mort du donateur, ou « après un autre intervalle de temps, le donateur doit cepen- « dant en retenir la possession après une des voies feintes « dont nous avons parlé, etc[1]. »

N'était-il pas naturel qu'il en fût ainsi? Comment pouvait-on s'imaginer à cette époque-là où la tradition était exigée à peine de nullité, que cette tradition pouvait s'accomplir lorsque le donateur n'avait pas de biens au moins équivalents à la somme donnée, ou a fortiori quand il n'en avait pas du tout? Mais, de nos jours, la tradition n'étant plus exigée, le dessaisissement du donateur jusqu'à due concurrence n'est plus nécessaire, tout ce que la loi exige c'est de donner d'une façon actuelle et irrévocable.

Quoi qu'il en soit, ce passage n'est pas très clair et ne suffit pas pour prouver que la tradition est favorable au système de M. Laurent. Il est bien difficile, en effet, de dégager d'une façon nette le sens précis du langage plus ou moins confus qu'employaient les anciens auteurs. D'ailleurs, en admettant même l'interprétation donnée par M. Laurent au passage de Pothier, il n'est pas moins vrai qu'il y a d'autres auteurs tels que Dumoulin, Furgole qui déclarent la validité de la dona-

1. Ricard, *loc. cit.*, n° 967, p. 246.

tion, sans exiger aucune sûreté qui garantisse son exécution. « Lorsque la donation entre vifs est d'une certaine somme en « deniers, dit Furgole, à prendre sur les biens du donateur, « elle est irrévocable, quoiqu'elle ne soit payable qu'à un « certain terme, même après le décès du donateur encore « qu'il n'y ait ni rétention expresse d'usufruit, ni..., etc.[1] ». Mais il ne parle nullement des sûretés qui devraient accompagner la donation.

III. — Système. — Ce troisième système, soutenu par Coin-Delisle[2], enseigne que la donation d'une somme d'argent à prendre au décès du donateur n'est valable que si le donateur, au moment où il fait la donation, possède soit la somme donnée, soit des biens équivalents, et il faut en outre, qu'au moment du décès du donateur, on retrouve dans son patrimoine les mêmes biens qu'il possédait au temps de la donation, ou tout au moins leur valeur, ou leur représentation.

Il est impossible d'admettre ce système.

Comment saurait-on, d'abord, si la valeur des biens présents du donateur est égale à la somme donnée, et si les biens que l'on retrouvera à l'époque de son décès, sont les mêmes que ceux qu'il possédait au moment de la donation[3]?

Coin-Delisle reconnaît, d'ailleurs, comme tout le monde, que l'objet d'une donation ne doit pas forcément être un bien actuellement existant, il reconnaît aussi la validité des donations portant sur des fruits futurs, ou bien sur les profits que le donateur pourrait retirer d'une association antérieurement contractée. Or, ces fruits et ces profits ne sont pas actuellement dans le patrimoine du donateur; pourquoi donc être

1. Furgole, *loc. cit.* sur l'art. xv, p. 135.
2. *Traité des donat.*, sur l'art. 943, n°s 8 et 12.
3. Demolombe, *loc. cit.*, t. II, n° 390, p. 344.

plus sévère pour les donations de sommes d'argent payables au décès?

Nous avons déjà vu que le droit de créance que le donataire acquiert est actuel et irrévocable, c'est-à-dire réunit les qualités essentielles à une donation valable. Exiger, en outre, que le donateur possède des biens, c'est exiger une garantie dont le droit en lui-même n'a aucun besoin pour exister. L'existence de ces biens n'est donc pas nécessaire. Mais si l'existence de ces biens n'est pas nécessaire, il va de soi qu'on ne peut exiger qu'ils soient représentés au moment du décès. Comment d'ailleurs admettre cette dernière condition, car, au lieu de servir à rendre la donation irrévocable, elle fournirait au contraire au donateur le moyen d'anéantir sa donation, vu que ce dernier n'aurait qu'à dissiper les biens qu'il possédait au temps de la donation, pour laisser le donataire sans aucun droit, quand même plus tard, il referait sa fortune en acquérant d'autres biens[1].

S'il en était ainsi, dit Marcadé[2], il serait donc facile à celui qui donne une somme payable à sa mort, ou à toute autre époque, de se délier de son obligation de payer; mais s'il peut ainsi se délier, il n'était donc pas tenu irrévocablement; et s'il n'était pas lié irrévocablement, la donation était donc nulle?

Coin-Delisle, cependant, déclare valable une telle donation; alors, continue Marcadé en intervertissant son raisonnement : « Si elle est valable c'est donc qu'elle me lie irrévocablement; « si elle me lie irrévocablement, je serai donc toujours « obligé, sans pouvoir jamais anéantir la créance de mon

1. Cette fortune nouvelle, dit Coin-Delisle, ne sera pas soumise à l'action du donataire, car elle sera composée de biens qu'il lui était défendu, par l'art. 943, de faire entrer dans une donation (sur l'art. 943, n° 11).

2. *Loc. cit.*, t. III, sur l'art. 943, II, n° 673 *bis*, p. 557.

« donataire; mais si la créance de mon donataire existe tou-
« jours, quoi que je puisse faire, il pourra donc (après l'exi-
« gibilité) se faire payer, à toute époque, sur les biens que je
« posséderai, ou que possédera ma succession, ou que possé-
« dera mon héritier pur et simple; donc il est faux de pré-
« tendre que ce donataire serait sans droit sur les biens laissés
« à mon décès, parce que ces biens ne seraient plus ceux
« que je possédais au moment de la donation. »

C'est logique.

Cette théorie de Coin-Delisle est aujourd'hui complètement abandonnée.

Passons maintenant au dernier système consacré par la jurisprudence et la majorité des auteurs, et que nous adopterons aussi.

IV. — Système. — La donation d'une somme d'argent ou de choses fongibles, payable au décès du donateur, est valable indépendamment de toute sûreté, lors même que la somme donnée aurait une valeur supérieure aux biens du donateur, plus encore, lors même que le donateur n'aurait pas des biens présents. Les raisons qui nous ont fait écarter les autres systèmes servent justement à justifier celui-ci. Sans vouloir les reprendre à nouveau, rappelons cependant le raisonnement qui sert de base à notre système.

Une telle donation est valable, vu que le donateur se dépouille actuellement et irrévocablement, car il confère immédiatement au donataire un droit de créance qu'il ne lui appartient plus d'enlever. Si le donateur meurt insolvable, le donataire n'en aura pas moins une créance contre la succession, créance que l'héritier sera tenu de payer s'il accepte la succession purement et simplement.

« Rien de plus vrai, dit M. Laurent, d'après les principes « qui régissent les obligations ordinaires. Mais faut-il répéter « que les donations sont soumises à des principes beaucoup « plus rigoureux, pour mieux dire, arbitraires? C'est très mal « raisonner que d'invoquer les principes généraux dans une « matière où le législateur déroge à ces principes. Nous « disons que le législateur y déroge; car il faut interpréter « les textes du Code par la tradition, et la tradition n'est pas « douteuse[1]. » Nous croyons avoir démontré suffisamment que la tradition, invoquée par ce savant auteur, ne s'oppose nullement à nos conclusions.

Conséquences du système. — Tout cela dit, voyons quels sont les droits qui résultent pour le donataire d'une donation de somme payable au décès du donateur.

Nous venons de reconnaître au donataire un droit de créance personnel contre le donateur du jour même de la donation, et dont l'exigibilité seulement est renvoyée à la mort de celui-ci. Nous devons en conclure que, du jour même de la donation, le donataire a contre le donateur les mêmes droits que ceux qui appartiennent aux créanciers à termes ordinaires.

Il en résulte donc, que :

1) Le donataire aura, comme tout autre créancier à terme, le droit de prendre toutes les mesures conservatoires. Ce droit, que l'article 1180 accorde au créancier conditionnel, appartient à plus forte raison au créancier à terme; il n'y aurait donc pas de motif pour qu'il soit refusé au donataire[2].

1. Laurent, *loc. cit.*, t. XII, n° 509.

2. Demante, t. IV, n° 85 *bis*; Demolombe, *loc. cit.*, t. III, n° 395; Baudry-Lacantinerie et Collin, *loc. cit.*, t. I, n° 1446, p. 593; De Terris, p. 156; Pommier, *loc. cit.*, p. 195; Châtellerault, 25 août 1851; Toulouse, 20 mai 1841.

2) Au cas où le donataire a été payé de la somme donnée avant la mort du donateur ou du terme fixé, on ne pourra pas répéter cette somme[1]. Car, en vertu de l'article 1186, « ce « qui n'est dû qu'à terme, ne peut être exigé avant l'échéance « du terme, mais ce qui a été payé ne peut plus être ré- « pété. »

3) Aux termes de l'article 1188 : « Le débiteur ne peut « plus réclamer le bénéfice du terme, lorsqu'il a fait faillite, « ou lorsque, par son fait, il avait diminué les sûretés données « à son créancier. » Dans tous ces cas et dans celui où le donateur tomberait en déconfiture[2], le donataire pourra donc réclamer son payement avant l'échéance du terme[3]. Il peut aussi attaquer comme entachés de fraude tous les actes de disposition destructifs de son droit[4].

4) Le donataire, ayant un droit actuel qui figure dans son patrimoine dès l'instant de la donation, peut en disposer soit à titre onéreux, soit à titre gratuit. En cas de prédécès son droit passe à ses héritiers[5]. Comme ce droit forme, d'ailleurs, le gage de ses créanciers, ceux-ci pourront dans certains cas agir en son lieu et place.

5) A la mort du donateur, le donataire peut se faire payer sur tous les biens qui composent la succession, sans distinguer entre ceux que le donateur possédait au moment de la donation et ceux qu'il a acquis postérieurement à l'acte.

Mais que faut-il décider au cas où ces biens sont insuffisants ?

1. De Terris, *loc. cit.*, p. 156-157 ; *Pandectes Françaises*. Rép. V° *Donat.*, t. 25, n° 5238.
2. Arrêt de la Cour de cass., 10 mars 1845.
3. Demolombe, *loc. cit.*, n° 396, Baudry et Collin, *loc. cit.*, n° 1446 ; de Terris, *loc. cit.*, p. 157 ; Agen, 9 juillet 1847. S. 47, 2 454.
4. *Pandect. franç.* Rép., t. XXV, n° 5240 ; Trib. Châtellerault, 25 août 1851.
5. *De Terris, loc. cit.*, p. 157.

Il est évident que s'il y a un héritier acceptant purement et simplement, le donataire aura action contre lui, supposons donc qu'il n'y en a pas. Comment la masse de biens composant la succession se partagera-t-elle ?

D'après notre système, le donataire créancier personnel du donateur doit venir au marc le franc avec tous les autres créanciers chirographaires, sans distinguer s'ils sont créanciers à titre onéreux ou à titre gratuit.

L'article 2093 qui est le siège de la matière ne faisant aucune distinction entre ces deux classes de créanciers, comme d'ailleurs, aucun autre texte ne consacre cette différence, il s'ensuit qu'il faudra appliquer aux uns comme aux autres la distribution par contribution. Il y a cependant des fortes divergences sur ce chapitre. Examinons les divers cas qui peuvent se présenter et les opinions qui ont été émises sur chacun d'eux.

A) Supposons le donataire en concours avec d'autres créanciers à titre onéreux.

Dans une théorie, soutenue par Coin-Delisle, on prétend que le donataire serait primé par tous les créanciers, dont les créances sont antérieures en date à l'acte de donation, et en conséquence, il viendrait en concours avec les créanciers postérieurs seulement. « Le donataire d'une somme d'argent « doit venir sur le prix des biens du donateur, par contribu- « tion avec les créanciers purement chirographaires dont les « créances sont postérieures à la donation ; car tous les créan- « ciers dont les droits sont antérieurs doivent être payés avant « lui[1]. »

Nous ne voyons nullement la raison de cette distinction.

1. Coin-Delisle, *loc. cit.*, sur l'art. 943, n° 11.

Accorder ce droit aux créanciers antérieurs, c'est leur accorder un privilège. Or, il n'y a pas de privilège sans texte.

Certes, les créanciers antérieurs ont bien le droit, en vertu de l'article 1167, d'attaquer la donation postérieure, si elle a été faite en fraude de leurs droits ; mais s'ils ne l'ont pas fait, ou bien s'ils n'arrivent pas à justifier leur prétention, la donation produira bien ses effets à l'égard de tout le monde, et par conséquent conférera au donataire contre le donateur une créance personnelle juridiquement de même valeur que les autres créances nées antérieurement.

D'autres auteurs proposent un moyen plus radical encore : « tous les créanciers à titre onéreux du donateur devront être payés intégralement avant le donataire créancier[1]. »

Cette théorie est tout aussi absurde que la première. On invoque pour la soutenir la maxime « Nemo liberalis, nisi liberatus », sans tenir aucun compte que cette maxime tout à fait étrangère aux donations entre vifs ne s'applique guère qu'aux légataires dans leurs rapports avec les créanciers de la succession. Jamais on n'avait fait « un plus étrange abus de cette maxime », disait l'illustre professeur Labbé[2].

Force nous est donc de revenir à ce que nous disions dans le début : le donataire viendra en concours au marc le franc avec tous les créanciers à titre onéreux sans aucune distinction de date, si, bien entendu, aucun d'eux ne possède une créance privilégiée. — Si au contraire l'un d'eux possède une hypothèque, c'est celui-là qui sera payé le premier. Ainsi devra être payé : le créancier à titre onéreux s'il est hypothécaire, par préférence au donataire qui ne serait que chirographaire, et, réciproquement, le donataire créancier hypothécaire de préfé-

1. Arnauld, *Revue critique de législation.*
2. *Journal du Palais*, 1860, p. 334.

rence aux créanciers, à titre onéreux purement chirographaires. Il va de soi que l'on suivrait l'ordre des inscriptions si tous ou quelques-uns d'entre eux étaient hypothécaires.

B) Supposons, maintenant, le donataire en concours avec un autre donataire postérieur qui n'a lui aussi qu'un droit de créance payable au décès du donateur. Deux hypothèses sont possibles : le donataire postérieur n'a aucune hypothèque ou bien ce donataire en a une.

a) Le donataire postérieur n'a point d'hypothèque, l'actif est insuffisant pour payer les deux donataires. Nous ne ferons qu'appliquer ici les mêmes règles que tout à l'heure. Les deux donataires étant tous les deux créanciers personnels du donateur, sans que la créance de l'un ou de l'autre soit privilégiée, ils viendront chacun au marc le franc. On ne doit certainement pas tenir compte de l'ordre des dates, car concevrait-on que l'on fît à un créancier à titre gratuit un avantage plus grand qu'à un créancier à titre onéreux? Or, si le donataire antérieur avait, à l'encontre du second donataire, un droit de préférence, on lui ferait une situation meilleure que celle du créancier à titre onéreux, qui devrait subir, lui, le concours d'un donataire postérieur à sa créance.

b) Le donataire postérieur a une hypothèque. Toujours nous guidant d'après les mêmes principes, nous déciderons que le dernier sera payé avant le premier puisqu'il a une créance privilégiée que le premier donateur n'a pas.

Malgré la logique de ces conclusions, des jurisconsultes éminents[1] et une jurisprudence constante admettent une solution contraire.

Ainsi un arrêt de la Cour de cassation du 7 mars 1850,

1. Aubry et Rau, t. VII, § 707, 409 ; Nicias Gaillard, *Revue critique de législ.*, 1868, t. XVI, p. 193 et suiv.

confirmant un arrêt de la Cour de Limoges du 18 juin 1869, décide que : au cas où deux donations payables l'une et l'autre seulement au décès du donateur ont été successivement faites au profit de deux personnes différentes, si, au décès du donateurs, ses biens se trouvent insuffisants pour faire face aux deux donations, ils doivent être appliqués par préférence à l'acquittement de la première, alors même que la seconde est accompagnée d'une affectation hypothécaire : cette affectation n'a pu avoir pour effet d'annihiler le droit irrévocable du premier donataire[1].

Les motifs que l'on invoque pour soutenir cette théorie sont les suivants :

1) Le principe d'irrévocabilité essentiel à toute donation s'oppose à ce que le donateur puisse, par son propre fait, directement ou indirectement, réduire ou anéantir une libéralité par lui faite. Or, si un donataire postérieur pouvait faire subir sa concurrence à un donataire antérieur et même le primer, au cas où sa donation serait garantie par une sûreté, le donateur aurait un moyen de défaire sa première donation, en en faisant d'autres qu'il accompagnera d'affectations hypothécaires. « Considérant, dit la Cour de Limoges[2], que décider « le contraire serait renverser tous les principes en matière de « donation entre vifs et consacrer le droit pour un donateur « de défaire ce qu'il a fait irrévocablement, par un caprice « de sa volonté. Considérant que l'hypothèque ajoutée à la « donation ne change pas la nature du droit; que s'il n'y « avait pas d'hypothèque, il n'est pas contestable que la « première donation serait préférée à la deuxième; qu'en « matière de libéralité, il faut avant tout, pour leur exécu-

1. S. 60, I, 203.
2. S. 59, 2, 465.

« tion, se pénétrer des principes spéciaux qui les régissent « plutôt que de ceux qui régissent le droit hypothécaire. » Les principes généraux du droit hypothécaire doivent fléchir devant les règles spéciales qui régissent les donations entre vifs. « Considérant que si le système de préférence de l'hypo- « thèque conférée pouvait être admis, ce serait donner au « donateur le droit de rapporter, en faisant une donation « avec hypothèque, une donation antérieure non assortie « d'hypothèque; ce serait dire que la préférence des dona- « tions résultera des garanties qui y auront été atta- « chées, etc.... »

2) L'article 923 dispose que : « lorsqu'il y aura lieu à « réduction, elle se fera en commençant par la dernière « donation, et ainsi de suite en remontant des dernières aux « plus anciennes ». Or, cette règle applicable au cas où un donateur dépasse la limite de sa quotité disponible doit être appliquée aussi au cas où le donateur a fait des donations de sommes d'argent payables à son décès, dépassant la force de ses biens, et ainsi les donations doivent être réduites dans l'ordre indiqué par notre article, ce qui aurait pour résultat de toujours donner la préférence à la première en date sans se préoccuper comme dans les créances ordinaires des sûretés qui les accompagnent.

« Ce sont les dernières libéralités, auxquelles la matière « manquait, qui doivent céder aux premières; que celui qui « donne s'oblige; or, qui s'oblige, oblige le sien; que les « droits de même sorte, qu'il concède à d'autres postérieure- « ment, ont bien aussi pour gage son patrimoine, mais « diminué de tout ce qu'il en a déjà distrait; qu'il ne peut « donner que ce qui lui reste[1].... »

1. Nicias Gaillard. *Rev. crit. de législ.*, 1860, t. XVI, p. 193 et suiv.

3) Le troisième argument est tiré de l'article 1083 qui dispose que l'institution contractuelle sera irrévocable en ce sens seulement que le donateur ne pourra plus disposer, à titre gratuit, des objets compris dans la donation si ce n'est pour sommes modiques, à titre de récompenses ou autrement. Mais, si la personne qui a fait une institution contractuelle, qui est loin d'avoir ce caractère d'irrévocabilité tellement essentiel à la donation, ne peut plus disposer à titre gratuit au préjudice de l'institué, comment pourrait-on admettre que cela lui soit permis lorsqu'il a fait une donation entre vifs? « Comment, dit Nicias Gaillard, des dispositions postérieures « pourraient-elles contre la donation entre vifs, ce qu'elles « ne pourraient pas contre l'institution contractuelle? »

Voilà les arguments que l'on fournit à l'appui de la thèse contraire à la nôtre. Il faut avouer que cette logique serrée déconcerte au premier abord. Examinons, cependant, chacun des arguments fournis.

1) Le premier moyen tiré de l'irrévocabilité repose, il nous semble, sur une confusion entre l'existence d'un droit et son efficacité, sur une appréciation inexacte du caractère d'irrévocabilité de la donation payable au décès du donateur.

En quoi consiste, en effet, l'irrévocabilité d'une telle donation? Elle consiste, nous l'avons déjà vu, en ce que le droit conféré au donataire ne peut plus être révoqué par le donateur; celui-ci transmet immédiatement un droit qu'il n'est plus en son pouvoir d'annihiler. Ce droit, nous le savons encore, est un droit « ad pecuniam », un droit de créance avec un terme de paiement et non pas la somme elle-même. Or, en quoi ce droit, puisque c'est lui qui fait l'objet d'une telle donation, en quoi, disons-nous, ce droit est-il révoqué lorsque le donateur fait subir au donataire la concurrence d'autres donations postérieures ? Il est vrai que les donations postérieures peuvent réduire et même absorber complètement l'actif de façon à rendre la première inefficace, mais cela importe peu, l'inutilité d'une créance donnée n'est qu'un accident qui n'affecte nullement son existence. Les dispositions consenties après ne portent aucun préjudice à l'irrévocabilité de la créance antérieure ; elles ne peuvent que lui paralyser l'effet en tout ou en partie. — D'ailleurs comment pourrait-on prétendre, encore une fois, que le créancier à titre onéreux « qui certat de damno vitando » fût moins favorisé que le donataire « qui certat de lucro captando ? » Et personne ne songe cependant d'interdire à celui qui a contracté une dette d'en contracter d'autres ou même de faire des libéralités, pour ne pas diminuer l'efficacité de l'action du premier créancier.

2) On a dit que l'article 923 devait être appliqué en notre matière, vu qu'il repose sur une application spéciale du caractère de l'irrévocabilité. Or, ce n'est nullement sur le caractère d'irrévocabilité que repose notre article, c'est sur l'indisponibilité, ce qui n'est pas du tout la même chose. Si l'article 923 fait porter la réduction d'abord sur la donation la plus récente, ce n'est pas parce que les donations antérieures sont irrévocables, la raison en est que les donations que le défunt a faites avant d'excéder la quotité disponible étant irréprochable, et celles qui ont eu lieu après l'épuisement de cette quotité étant seules attaquables par ses héritiers réservataires, ce sont naturellement ces dernières qui doivent être annulées. Le caractère d'irrévocabilité des premières donations n'est donc point le motif déterminant de cette réduction par ordre de dates, et cela est si vrai que les donations faites entre époux pendant le mariage, qui sont essentiellement révocables (art. 1096), ne peuvent elles-mêmes être atteintes par la

réduction qu'après les donations irrévocables qui seraient postérieures à elles.

Comment alors l'article 923 serait-il applicable à la question qui nous occupe ?

3) Reste l'argument tiré de l'article 1083. Il nous semble que ce raisonnement n'est pas tout à fait exact. C'est précisément parce que l'institution contractuelle ne présente pas les mêmes garanties d'irrévocabilité que les donations entre vifs que le législateur a voulu, par une mesure exceptionnelle, lui assurer au moins une certaine efficacité.

Selon nous, la disposition de l'article 1083 peut s'expliquer aussi de la façon suivante :

Toute institution contractuelle porte sur tout ou partie des biens que l'instituant laissera à son décès. Lorsque celui-ci dispose, à titre gratuit, d'un bien compris dans l'institution, il fait subir à l'institué une perte plus ou moins grande, mais une perte certaine, dont il est sûr a priori. Il était donc juste que la loi interdise au donateur, dans ce cas, toute disposition à titre gratuit. Les mêmes raisons n'existent pas quant aux donations de sommes d'argent payables au décès. Le donateur peut parfaitement faire une deuxième ou même plusieurs autres donations, sans qu'il soit présumé que la première sera atteinte en quoi que ce soit. Il peut, évidemment, se faire que le premier donataire subisse un préjudice, mais le donateur ne le savait pas au moment où il faisait les donations postérieures ; car, si l'on suppose que le donateur le savait, le premier donataire pourrait faire annuler les autres donations comme faites en fraude de ses droits. Où est donc dans ce dernier cas le pouvoir de révoquer ? La situation du donataire n'est d'ailleurs pas la même que celle de l'institué ; aussi l'argument d'analogie n'a, selon nous, aucune force.

Voici comment Demolombe[1] réfute ce dernier argument :

« De deux choses l'une :

« Ou il s'agit d'une donation universelle de biens présents « et à venir ; et, dans ce cas, si le donataire postérieur d'une « somme payable au décès du donateur ne peut pas l'obtenir à « l'encontre du donataire universel antérieur, cela n'a rien de « particulier à la donation d'une somme payable au décès, « puisque toute autre donation entre vifs ne serait pas valable « à l'encontre de ce donataire ; c'est qu'en effet la donation « universelle a produit en sa faveur une sorte de réserve, et « par suite d'indisponibilité !

« Ou il s'agit d'une donation de biens à venir qui a elle-« même pour objet une somme payable au décès du dona-« teur ; et dans ce cas nous maintenons notre doctrine..., car « la donation de biens à venir n'aurait dans ce cas aussi « pour objet qu'un droit pur et simple de créance, et il « nous semble impossible d'admettre que le donataire de « biens à venir ait un droit plus solide que le donataire entre « vifs de biens présents.

« Ainsi l'argument déduit de l'article 1083 n'aboutit qu'à « cette alternative : ou qu'il ne porte pas du tout, ou qu'il « porte à faux ! »

M. Laurent n'admet cependant pas ce raisonnement : « Nous avouons ne pas comprendre ce que c'est qu'une sorte « de réserve et nous ne voyons pas ce qu'il y a de commun « entre l'indisponibilité et la donation de biens à venir[2] ».

Le résultat de toute cette discussion est donc que les solutions que nous venons de donner plus haut sont bien les seules vraies.

1. *Loc. cit.*, t. III, n° 401. — 4° p. 363.
2. *Loc. cit.*, t. XII, n° 422, in fine, p. 511.

Une remarque toutefois s'impose : dans tous les cas où le premier donataire pourra prouver que les donations postérieures ont été faites en fraude de ses droits, il pourra annuler ces donations au moyen de l'action Paulienne. Au cas où la deuxième donation est garantie par une hypothèque, cette fraude sera presque présumée, ou tout au moins facile à démontrer. « Cette circonstance, dit M. Labbé, fait présumer « que le second donataire et partant le donateur avaient des « doutes sur la possibilité de l'exécution intégrale des deux « libéralités[1]. »

Il nous reste à examiner une variante de donation de somme d'argent payable au décès, celle dans laquelle le donateur aura spécifié que la somme sera prise sur les biens de la succession, ou bien sur les biens qu'il laissera, ou encore sur le plus clair de sa succession, etc.

Une telle donation est-elle valable ?

Presque tout le monde est d'accord pour la déclarer nulle. A la différence du cas que nous venons d'examiner, où le donateur transmet immédiatement et irrévocablement un droit de créance au donataire, dans le cas qui nous occupe, le donateur en limitant le droit du donataire n'entend lui conférer qu'une créance éventuelle contre sa succession qui ne devra se réaliser quant à son existence même que dans la mesure des biens qu'il laissera au jour de son décès, Cette restriction indique, en effet, que le donataire n'aura droit à la somme donnée qu'autant que le donateur laissera à son décès des biens d'une valeur suffisante pour en procurer le paiement. Le donateur se réserve donc le droit de rendre la donation inefficace en dissipant son patrimoine[2].

1. *Journal du Palais*. 1860, p. 355.
2. Baudry et Collin. *Loc. cit.*, t. I, n° 1442, p. 591-92.

Il ne faudrait cependant pas admettre cette nullité, d'une façon absolue, sans aucune restriction, car cette nullité ne procède que de l'interprétation donnée à la volonté du donateur. Or, s'il résulte soit des circonstances de la cause, soit de différents faits, que la volonté du donateur a été de s'engager actuellement et irrévocablement sans subordonner le droit du donataire à la suffisance des biens laissés par lui à son décès, on devra nécessairement valider la donation. Et il ne faut pas oublier que les juges sont maîtres dans l'appréciation des circonstances et dans l'interprétation de la volonté du donateur, ils usent d'une façon très large, même de leur faculté d'appréciation, en cas de doute ils appliquent la règle d'interprétation des contrats, « potius ut valeant quam ut pereant ».

Voici, d'ailleurs, plusieurs cas dans lesquels de telles donations seraient valables :

1) Si le donateur consent une hypothèque pour sûreté du paiement de la somme donnée. Remarquons cependant que dans l'ancien droit une donation de cette espèce était toujours nulle, alors même qu'une sûreté l'accompagnait. Denizart nous rapporte un arrêt du 21 mai 1757 qui déclare nulle la donation d'une somme à prendre « sur les plus clairs « effets de la succession, que le donateur affectait et hypothé« quait, même se dessaisissait dès à présent jusqu'à concur« rence de ladite somme[1]. »

Cochin[2] est aussi du même avis : « L'hypothèque, dit-il, ne « peut pas changer le droit du donataire qui n'est établi que « sur les biens de la succession ; jamais à la faveur de cette « hypothèque il ne pourra se venger sur des biens qui ne « seront point dans la succession parce que les termes précis

1. Denizart. *Coll. de décis. nouv.*, t. II, p. 179.
2. *Œuvres de Cochin*, t. III, p. 424.

« de la donation y résistent formellement. » Et plus loin il ajoute : « Si l'engagement en lui-même est limité sur certains « biens, l'hypothèque ne peut pas faire que l'engagement soit « plus étendu qu'il ne l'est par lui-même. Je donne sur les « biens de ma succession, l'hypothèque ne peut pas faire que « je donne sur des biens qui ne feront point partie de ma suc- « cession, autrement il faudrait que l'hypothèque détruisît la « donation elle-même; il faudrait que le donateur, n'ayant « donné que sur les biens de la succession, on lui fît dire « ensuite qu'il a donné même sur les biens dont il aurait « disposé entre vifs et qui ne feraient point partie de sa suc- « cession; or il est absurde de détruire et de changer une « disposition principale par une induction tirée d'une clause « accessoire. »

Notre remarque n'a, d'ailleurs, qu'un intérêt purement historique, puisqu'il est incontestable aujourd'hui que des sûretés accompagnant une telle donation la rendraient valable. Il y a plusieurs arrêts en ce sens. Un dernier arrêt de la Cour de cassation du 26 janvier 1886 confirme cette manière de voir[1].

2). La donation serait encore valable si le donateur s'était obligé lui-même à servir les intérêts de la somme donnée, s'il avait stipulé une réserve d'usufruit ou un droit de retour[2].

3). Il en serait de même si le donateur conférait au donataire la faculté de disposer de la somme donnée, car il est évident que cette faculté est corrélative du dessaisissement et suppose que le donateur a entendu se dépouiller « hic et nunc » de la somme ainsi donnée[3].

1. S. 88-1-253.
2. Riom, 25 février 1825.
3. Contra. Arrêt du 25 juin 1839. S. 39, 1, 545.

4). Les termes mêmes de l'acte et la qualification de donation entre vifs donnée à l'acte peuvent encore quelquefois prouver la volonté du donateur.

Nous avons ainsi fini avec la première application de la règle « Donner et retenir ne vaut ».

CHAPITRE II

DONATIONS FAITES SOUS CONDITIONS POTESTATIVES DE LA PART DU DONATEUR

La deuxième application que le Code fait du principe d'irrévocabilité des donations est contenue dans l'article 944, qui dit : « Toute donation entre vifs faite sous des conditions dont « l'exécution dépend de la seule volonté du donateur sera « nulle. »

En principe, nous l'avons déjà vu, une donation peut être faite sous condition ; notre article 944 fait une exception pour les conditions dépendant de la seule volonté du donateur, en déclarant nulle la donation qui serait faite sous une telle condition. Il est donc important de savoir ce qu'il faut entendre par condition dépendant de la seule volonté du donateur. Quelques explications préliminaires sont nécessaires.

Le Code divise les conditions en trois classes : Conditions casuelles, protestatives et mixtes.

1). Conditions casuelles. — Les conditions casuelles sont celles qui dépendent du hasard et qui ne sont nullement au pouvoir de l'une ou de l'autre des parties (art. 1169). Telle serait la condition : Si le donataire survit au donateur. Une donation peut certainement être faite sous une telle condition, il n'y a aucune divergence là-dessus. L'article 944 l'admet par cela même qu'il n'annule que les donations faites sous une condition dont l'exécution dépend de la volonté du donateur.

2). LES CONDITIONS POTESTATIVES sont celles qui font dépendre l'existence de la convention d'un événement qu'il est au pouvoir de l'une ou de l'autre des parties contractantes de faire arriver ou d'empêcher (art. 1170).

En doctrine, on admet deux sortes de conditions potestatives : *a*) Les conditions purement potestatives qui consistent dans une simple manifestation de volonté : « Si je veux », ou dans un acte matériel si facile à accomplir, qu'en réalité il se réduit à un simple acte de volonté : « Si je lève le bras ».

Aucune obligation ne pourra être valablement contractée, sous une telle condition de la part de celui qui s'oblige, parce que ce n'est pas s'obliger que de s'obliger si l'on veut. Nulla promissio potest consistere, quæ ex voluntate promittentis statum capit. En conséquence les donations comme toutes les autres obligations seraient nulles si elles étaient faites sous de pareilles conditions. — C'est, d'ailleurs, à ces conditions que l'article 1174 fait allusion lorsqu'il dit : « Toute obligation est nulle lorsqu'elle a été faite sous une condition potestative de la part de celui qui s'oblige ».

La meilleure preuve en est l'expression « purement potestative », qui avait figuré dans la rédaction primitive de cet article. Elle paraît n'avoir été remplacée par le mot potestative que pour rendre notre article applicable, non seulement à la condition « si voluero », qui pouvait paraître exclusivement visée par les mots purement potestative, mais à tout autre équivalente, par exemple à la condition : « Si je lève le bras[1] ».

1. Baudry-Lacantinerie. *Précis de droit civil*, t. II, n° 669.

b). Les conditions simplement potestatives dont la réalisation dépend d'un événement qui arrivera ou n'arrivera pas, mais que l'une des parties peut faire arriver ou empêcher. Une obligation contractée sous une telle condition est parfaitement valable. Ainsi : « Je vous promets mille francs, si vous abattez tel arbre qui gêne ma vue » ou bien : « Je m'oblige à vous payer cinq mille francs si j'établis dans votre quartier un commerce qui vous fasse concurrence ». — En sera-t-il de même des donations? Quelques auteurs l'ont soutenu[1]. L'article 944, disent-ils, annule les donations faites sous des conditions dont l'éxécution dépend de la seule volonté du donateur, c'est-à-dire celles faites sous des conditions purement potestatives; il ne peut donc nullement se rapporter aux donations faites sous des conditions simplement potestatives dont la réalisation ne dépend pas de la seule volonté du donateur, puisqu'elles sont sujettes à l'accomplissement d'un certain événement.

Ensuite, ajoutent-ils, où est donc le fondement rationnel d'une différence entre les obligations à titre onéreux et les donations? S'il y en a une elle serait plutôt en faveur des premières.

La grande majorité des auteurs n'admettent cependant pas, et avec juste raison, cette façon de voir. L'article 944 ne peut, en effet, viser, rien que les conditions purement potestatives, car il serait alors absolument inutile. Un donateur qui s'oblige sous une telle condition ne s'oblige pas du tout; avait-on besoin d'un article spécial pour dire une pareille vérité? En outre, l'article 944 prohibe les conditions dont l'exécution dépend de la seule volonté du donateur, cela s'entend : les conditions

1. Coin-Delisle, sur l'art. 944, n° 1; Vazeilles, sur l'art. 944, n° 1; Toullier, t. IV, p. 7; Duranton, t. VIII, n° 374; Bauby, *Rev. prat. de droit français*, 1862, t. XIII, p. 6 et suiv.

subordonnées à un événement extérieur, à un fait intermédiaire que la volonté du donateur peut faire arriver ou défaillir. Voici d'ailleurs un argument qui ne laisse aucun doute : la finale de l'article 944, nous dit que cet article n'est pas applicable aux donations entre époux. Or, si cet article ne se rapportait qu'aux conditions purement potestatives, concevrait-on que l'on puisse valider une obligation quelle qu'elle soit, soumise à une telle condition? Evidemment non, car on ne peut pas valider une obligation qui n'existe pas. Ce principe tient tellement à l'essence même des conventions qu'aucune exception ne serait possible. Remarquons aussi que l'article 1086, qui parle justement de cette exception n'emploie plus l'expression « de la seule volonté du donateur » mais « de la volonté du donateur » ce qui prouve bien qu'il s'agit de la condition simplement potestative. Or, les cas exceptés doivent correspondre aux cas compris dans la règle.

Quant au fondement rationnel de cette distinction, nous reconnaissons qu'il n'y a pas de raison de s'écarter du droit commun en matière de donation entre vifs. Mais, le Code ayant reproduit cette disposition d'après l'article 16 de l'Ordonnance de 1731, qui dit : « Les donations qui ne comprendraient que les biens « présents seront pareillement nulles lorsque..., laquelle « disposition sera observée généralement à l'égard de toutes « les donations faites sous des conditions dont l'exécution « dépend de la seule volonté du donateur », lui a consacré en même temps le sens qu'elle avait dans ladite Ordonnance.

Or, Pothier en interprétant cet article 16, disait : « De là « il suit : 2° qu'on ne peut donner sous une condition qui dé- « pende de la volonté du donateur même ses biens présents, « ni quelque chose particulière ; car cette donation pèche par « le défaut d'irrévocabilité, le donateur étant le maître en fai-

« sant manquer la condition d'en anéantir l'effet[1] », et il ajoute dans son introduction au titre 15 de la Coutume d'Orléans, d'une façon plus formelle encore : « Tout ce qui blesse « cette irrévocabilité en laissant au donateur le pouvoir de « détruire ou d'altérer l'effet de sa donation la rend nulle[2] ».

Boutaric soutient la même chose et donne un exemple frappant : « Que je donne, par exemple, sous la condition que je « ne me marierais pas, la donation sera nulle parce que « j'aurais toujours retenu le pouvoir de l'anéantir en me « mariant[3]. » Or, la condition « si je me marie » est loin d'être une condition purement potestative.

Ricard est du même avis : « Personne ne doute si la condi- « tion est potestative, c'est-à-dire, qu'il dépende de la volonté « du donateur d'y donner effet ; comme s'il a dit : « Je donne « en cas que je n'aille pas en la ville de Beauvais, que la « donation ne soit nulle[4] ». La condition « que je n'aille pas « en la ville de Beauvais », est le type de la condition simplement potestative.

Conclusion : dans l'ancien droit on annulait les donations faites même sous des conditions que nous appelons aujourd'hui simplement potestatives : comme cette matière est toute traditionnelle, il est naturel que l'article 944 ait conservé la même portée que l'ancien article 16 de l'Ordonnance de 1731.

La jurisprudence a d'ailleurs consacré cette façon de voir : « Attendu, dit un arrêt de la Cour d'Orléans, relativement « à l'interprétation dudit article 944, qu'en matière de dona- « tion entre vifs, la condition potestative entraînant la nullité

1. Pothier. *Traité des don.* Sect. II, art. 2, § 3, t. XXIII, p. 56-57.
2. Pothier. *Introd. au titre XV de la Cout. d'Orléans.* Sect. II, n° 18, p. 294, t. XVII.
3. Boutaric. *Loc. cit.* sur l'art. 16, p. 73.
4. Ricard. *Loc. cit.*, 1re partie, n° 1038, p. 264.

« de l'acte, est non seulement celle qui frappe directement « sur la disposition et en laisse le maintien et l'anéantisse- « ment au seul et pur arbitre du donateur, mais encore celle « qui porte sur un fait intermédiaire qu'il est au pouvoir de « ce donateur de faire arriver ou d'empêcher; que, pour « repousser cette doctrine, admise par tous les auteurs an- « ciens et modernes, comme par l'ancienne et la nouvelle « jurisprudence, on excipe en vain de l'interprétation généra- « lement donnée aux articles 1170 et 1174 du Code civil, inter- « prétation d'après laquelle la condition potestative de la part « de celui qui s'oblige ne vicie l'obligation qu'en tant qu'elle « frappe directement sur la convention et en laisse le sort « soumis à la volonté pure de l'obligé, et non quand elle « réside dans un fait, bien que ce fait soit laissé au pouvoir « de ce dernier; qu'en effet, les contrats à titre onéreux et « les contrats de bienfaisance, étant différents par leur na- « ture, le sont aussi par les règles prescrites pour leur vali- « dité, etc.[1] »

3) Les *conditions mixtes* sont celles qui dépendent à la fois de la volonté d'une des parties et de la volonté d'un tiers (1171).

Dans une première opinion, celle de la jurisprudence[2] et de la majorité des auteurs, on admet la validité d'une donation faite sous une telle condition.

L'article 944 n'annule que la donation faite sous une condition qui « dépend de la seule volonté du donateur ». Or, la condition mixte dépend aussi de la volonté d'un tiers; elle ne tombe donc pas sous le coup de notre article. Si le législateur

1. Orléans, 17 janvier 1846. S. 46, 2, 177.

2. Cass., 30 août 1880. S. 81, 1, 157. Douai, 25 mai 1881. S. 83, 2, 115; Montpellier, 26 décembre 1892. S. 94, 2, 309.

avait voulu annuler les donations faites sous une condition de ce genre, il n'aurait pas employé les mots : « dépendant de la « seule volonté du donateur », il aurait plutôt dit que la donation n'est valable que si elle est faite sous une condition qui ne dépend nullement de la volonté du donateur[1].

Mais, pourrait-on objecter, d'après ce raisonnement la condition simplement potestative devrait être admise aussi puisqu'elle ne dépend pas de la seule volonté du donateur; le hasard joue, dans cette condition, le rôle que la volonté du tiers joue dans la condition mixte.

Ce rapprochement n'est nullement juste. La volonté d'un tiers est un empêchement déterminé, qui certainement fera obstacle au libre et souverain exercice de la volonté du donateur. « Très différent est ce qu'on appelle le hasard! c'est-à-« dire ce futur et aléatoire contingent des éventualités « diverses, incertaines et ignorées, qui embarrassent à chaque « pas la faiblesse humaine, et qui déconcertent, à tout instant, « nos volontés et nos projets, les projets et les volontés qui « nous avaient d'abord paru les plus exempts de tout obstacle! « C'est de ces hasards que le législateur n'a pas tenu compte « dans notre matière des donations entre vifs; et très juste-« ment, car, à en tenir compte, aucune condition ne pour-

1. Attendu que les expressions employées par l'article 944 visent, sans aucun doute, la condition potestative et excluent non moins certainement la condition mixte; que si telle eût été l'intention du législateur, il n'aurait pas parlé de conditions dont l'exécution dépend de la seule volonté du donateur, alors que cette définition est inconciliable avec la condition mixte; qu'il aurait usé des mêmes termes que dans l'article 1169 et exprimé ou indiqué que l'exécution de la condition ne devait demeurer, à aucun degré, au pouvoir du donateur; que ne l'ayant pas fait, on doit en conclure qu'une condition, même dépendant à certains égards de la volonté du donateur, cesse de vicier la donation si le donateur ne peut l'accomplir ou la faire manquer qu'avec le concours de la volonté, soit du donataire, soit d'un tiers déterminé.... (Arrêt de la Cour de Cass. du 30 août 1880. S. 81, 1, 58.)

« rait plus être considérée comme potestative dans le sens de « l'article 944 :

... Est-il aucun moment,
Qui vous puisse assurer d'un second seulement?

« Mais notre volonté n'en est pas moins, pour cela, considérée en droit comme tout à fait libre et potestative[1]. »

Une deuxième opinion veut qu'une donation contenant une condition mixte soit déclarée nulle.

Une telle condition dépend aussi, en effet, de la volonté du donateur et même de sa seule volonté, en ce sens que, si elle ne suffit pas pour faire accomplir la donation, elle suffit pour la faire défaillir. Il dépend donc de la volonté du donateur d'entraîner la révocation de la donation et partant il y a contravention à la règle « Donner et retenir ne vaut[2]. »

Cette interprétation rigoureuse, dit M. Laurent[3] est en harmonie avec l'esprit traditionnel du droit français ; c'est donner et retenir que de pouvoir, le hasard ou la volonté d'un tiers aidant, révoquer la donation. Dira-t-on que notre explication n'a pas de fondement rationnel? Nous l'avouons volontiers ; au point de vue des principes, il n'y a pas de différence entre la donation et les contrats ordinaires.

Mais la règle « Donner et retenir ne vaut » est traditionnelle, c'est donc par la tradition qu'il faut l'interpréter; or la tradition commande évidemment une interprétation restrictive, hostile même aux donations.

Les passages de Pothier que nous avons cités plus haut, le témoignage de Ferrière qui dit que le donateur est présumé donner et retenir lorsque par quelque clause renfermée dans

1. Demolombe. *Loc. cit.*, t. III, n° 420, p. 381.
2. Baudry et Collin., n° 1461, p. 600.
3. Laurent, t. XII, n° 409, p. 495.

le contrat de donation il peut directement ou indirectement révoquer ou rendre inutile la donation qu'il aurait faite, nous prouvent suffisamment la façon de penser des anciens auteurs [1].

Malgré les raisons données par ce deuxième système, il nous semble que l'admettre ce serait pousser trop loin la rigueur de la règle « Donner et retenir ne vaut ». Ce serait aller le plus souvent à l'encontre même de la volonté du donateur. Aussi nous en tenons-nous au premier.

En résumé voici donc la façon dont nous entendons l'article 944 : une donation qui contient une condition potestative pure ou simple est nulle; elle sera au contraire valable si elle dépend d'une condition mixte ou casuelle [2].

Examinons maintenant quelques espèces particulières qui peuvent se présenter :

Que faut-il penser de la donation faite sous la condition : « Si je me marie, ou, si je ne me marie pas » ?

Nous avons vu, d'après le passage de Boutaric cité plus haut, que la condition « si je me marie » rendait une donation nulle dans l'ancien droit ; il en est de même, croyons-nous, dans le droit actuel.

Une semblable condition est en effet une condition potestative. En apparence, il est vrai, on pourrait croire que cette condition ne dépend pas de la seule volonté du donateur ; pour qu'une personne se marie il faut bien que quelqu'un consente à l'épouser, il intervient donc la volonté d'un tiers.

1. « La rétention qui détruit la nature de la donation entre vifs, n'est qu'au « cas où il dépende de la libre volonté du donateur de lui donner effet ou non. » (Ricard, n° 1045.)

2. Remarquons que la différence entre ces conditions et surtout entre la condition simplement potestative et la condition mixte est excessivement subtile parfois, aussi faudra-t-il tenir compte des circonstances de fait.

Mais, en examinant bien la question, on verra que cette volonté du tiers ne joue aucun rôle. Que faut-il, en effet, pour que la condition se réalise ? Il suffit que le donateur épouse une personne quelconque, de celles avec lesquelles la loi lui permet de se marier. Or, leur nombre est infini; s'il n'épouse pas l'une, il épousera l'autre, et il pourra toujours, en contractant une union qui n'est en rapport ni avec sa situation de famille ni avec sa situation de fortune, trouver le moyen de faire évanouir et de détruire sa libéralité.

Si la condition « si je me marie » rend nulle la donation, à fortiori la condition négative « si je ne me marie pas » la rendra-t-elle nulle? On est toujours maître de rester célibataire. Se basant sur cette distinction Toullier[1] était d'avis que cette dernière condition seulement devait annuler une donation ; il considérait, au contraire, la condition « si je me marie », comme mixte, et partant comme valable.

Mais, que penser de la condition « si je me marie avec une telle personne » ? Cette condition sera valable, selon nous. En effet, les motifs que nous venons de donner pour le cas précédent n'existent plus ici ; à côté de la volonté du donateur, intervient bien la volonté de la personne désignée, c'est donc d'une condition mixte et non pas potestative, qu'il s'agit dans ce dernier cas.

Néanmoins, la Cour d'Orléans, dans un arrêt du 17 janvier 1846, a jugé le contraire. Il s'agissait d'une donation faite par une femme, dans son contrat de mariage, au profit des enfants que son futur époux avait d'un précédent mariage : « Attendu, dit cet arrêt,... que la dame veuve Moisant, dona- « trice, a entendu subordonner le maintien de la donation à « la célébration du mariage projeté, célébration qu'il était évi-

1. Toullier, t. III, n° 272-75.

« demment en son pouvoir de faire arriver ou d'empêcher, ce « qui place nécessairement la donation sous l'application de « l'art. 944[1]... »

Mais un arrêt de la Cour de Cassation du 30 août 1880[2] rétablit la jurisprudence dans le sens que nous avons adopté en décidant que cette condition n'était pas de nature à vicier une donation, puisque l'exécution, quoique dépendant en partie du donateur, ne dépend pas moins de la volonté du futur époux. Quant à la condition négative « si je ne me marie pas avec telle personne », la même solution doit être admise. En vain, objectera-t-on que s'il faut le concours de deux volontés pour que le donateur se marie avec telle personne, sa seule volonté suffit pour qu'il ne se marie pas. Car, comme le fait observer M. Labbé, la loi annule les donations faites sous une condition dont l'exécution dépend de la seule volonté du donateur, ce ne serait pas l'observer que d'annuler les donations faites sous des conditions dont l'inexécution dépend de sa seule volonté.

Sera nulle, la donation faite sous la condition, « si j'embrasse, ou si je n'embrasse pas telle profession ou tel état », car la réalisation de la condition est soumise à la seule volonté du donateur. C'était aussi l'opinion admise dans l'ancien droit. Ricard[3] nous rapporte un arrêt du 5 septembre 1702 rendu en la grande Chambre qui annule une donation faite sous une semblable condition.

Si, cependant, la condition est conçue de telle façon que la volonté du donateur ne soit pas suffisante pour la faire accomplir, la condition ne rendra pas la donation nulle. Exemple :

1. S. 46, 2, 177. — Dans le même sens, arrêt de la Cour de Nancy du 4 juillet 1879. S. sous Cass. 29 août 1880. S. 81, 1, 57.
2. S. 1881, 1, 57.
3. *Loc. cit.*, n° 1038, p. 264.

« Si je deviens l'associé de Primus dans le commerce qu'il a entrepris. »

Serait valable, encore, la donation faite sous une condition dépendant en même temps de la volonté du donateur et de celle du donataire[1].

C'est en vertu de ce dernier principe que M. Labbé déclare valable la donation faite à une personne sous la condition que : au cas où cette personne deviendrait l'héritière du donateur, la donation sera réduite en tant que cela sera nécessaire pour l'exécution des libéralités que le donateur pourrait faire ultérieurement, et cela jusqu'à concurrence de la quotité disponible[2]. On n'est pas héritier, si on ne le veut pas, il est donc dans le pouvoir du donataire de faire arriver ou non la condition.

Que décider du caractère de la donation sous la condition : « Si je n'ai pas d'enfants au jour de mon décès »? — Elle est généralement considérée comme valable et la condition comme casuelle. « Le législateur lui-même, dit Demo-« lombe[3], a considéré cette condition comme casuelle, puisque, « d'une part, il déclare valable la donation faite par une per-« sonne sans enfants, quoiqu'il y sous-entende de plein droit « la condition résolutoire pour cause de survenance d'enfants « (article 960); et que, d'autre part, il déclare la donation « réductible, eu égard au nombre des enfants du donateur, « non pas à l'époque de la donation, mais à l'époque de son « décès (articles 913-920). » Telle était aussi l'opinion qui prévalait dans l'ancien droit. Ricard[4] dit que la donation étant

1. Arrêt du 29 déc., 1825. S. 1825, 2, 169.
2. Labbé. *Rev. prat.*, t. IX, p. 265.
3. *Loc. cit.*, n° 425, p. 385, t. IV.
4. *Loc. cit.*, Première partie, n° 1047.

faite pour avoir lieu au cas que le donateur n'ait pas d'enfants au jour de son décès, ou sous une autre condition semblable qui ne se vérifie que par la mort du donateur, ne laisse pas d'être valable pour donations entre vifs.

Cependant, Grenier, rapportant justement ces mots de Ricard, pense qu'une telle clause devrait entraîner la nullité de la donation, au moins dans le cas où le donateur n'avait pas d'enfants au moment de la donation.

« Car, s'il n'en avait pas (des enfants), cette donation, d'après « les articles 960 et 964 du Code civil, serait annulée par la « survenance d'un ou plusieurs enfants, même quand ils « mourraient avant le donateur. On pourrait donc regarder « la clause qui vient d'être citée plus haut comme une renon- « ciation, au moins indirecte, à la disposition de l'article 960 « du Code civil, et on serait fondé à induire la nullité « d'une semblable renonciation, de la disposition de l'ar- « ticle 965[1]. »

Examinons maintenant la condition : Si le donataire survit au donateur.

La raison de douter de la validité d'une donation faite sous une telle condition est que l'on croit y voir certains caractères de la donation « mortis causa »[2].

Or, quels étaient les caractères d'une telle donation?

La donation à cause de mort était, dit-on, celle dans laquelle le donateur se préfère au donataire, mais préfère celui-ci à ses héritiers.

« Mortis causa donatio est cum quis habere se mavult

1. Grenier, t. I, p. 175.

2. Et, comme le fait remarquer M. Laurent, le fait que le donateur conserve la propriété et la jouissance des biens donnés pourrait faire croire à première vue qu'une telle donation n'est pas actuelle et irrévocable.

« quam eum cui donat, magisque eum cui donat, quam here-« dem suum[1]. »

Or, dans une donation qui contient la condition « si le « donataire survit au donateur », on voit justement les deux préférences caractéristiques de la donation à cause de mort.

Comme, d'ailleurs, de l'article 893, il résulte que la donation à cause de mort n'est plus admise dans le droit actuel[2], on tire forcément cette conséquence que la donation faite sous condition de survie est nulle.

Nous avouons qu'il en serait certainement ainsi si tels étaient réellement les caractères de la donation à cause de mort, mais il s'en faut de beaucoup que cela soit vrai.

1. Loi 1 de mortis causa donationibus.

2. Ce genre de donation avait déjà été sinon aboli, du moins fortement ébranlé par l'ordonnance de 1731 qui dans son article 3 dit : « Toutes donations à cause de « mort, à l'exception de celles qui se feront par contrat de mariage, ne pourront « d'hors en avant avoir aucun effet dans le païs même où elles sont expressément « autorisées par les loix ou par les coutumes, que lorsqu'elles auront été faites dans « la même forme que les testamens ou les codiciles : en sorte qu'il n'y ait à « l'avenir, dans nos États, que deux formes de disposer de ses biens à titre gratuit, « dont l'une sera celle des donations entre vifs, et l'autre celle des testaments ou « codiciles. » L'antipathie des coutumes contre la donation à cause de mort n'était pas irréfléchie; les motifs d'abolition étaient assez graves. Ainsi Dumoulin sur l'art. 170 de la Coutume de Blois : « Donation à cause de mort ne vaut rien », met cette note : « Nec ut legatum quidem, nisi fiat in forma testamenti; quod « autem donatio causa mortis nullo modo valet, quando est in forma contractus, « recte institutum est odio suggestionum. » Ricard approuve cette manière de voir et Coin-Delisle s'exprime ainsi : « Les donations à cause de mort étaient « reçues par le droit romain; elles ont cédé devant l'esprit franc et loyal des Cou-« tumes, qui n'y voyaient que des instruments de suggestion. » (Sur l'art. 951, n° 34). Frauduleuses d'un côté, mensongères de l'autre, répugnantes à l'esprit de la législation française, toujours grosses de doutes et de litiges, conservées, sous l'ancien régime, en considération d'un besoin que le Code a fait disparaître, il était absurde que le Code les maintînt; aussi ce Code les proscrit-elles en elles-mêmes. La meilleure preuve en est les paroles de Jaubert : « La distinction des « dispositions de dernière volonté : en testamens, codiciles ou donations à cause « de mort, ne subsistera plus, on ne reconnaîtra qu'une seule espèce de dispo-« sitions de dernière volonté : elles s'appelleront testament. »

La définition et les textes que l'on nous cite sont loin de se rapporter aux caractères d'une telle donation ; ils indiquent plutôt le but, la raison d'une donation de ce genre et ils doivent s'expliquer par ceux qui précisent ces caractères et disent en quoi consistait cette préférence. Or, voici ce que disent les Institutes de Justinien : « Mortis causa donatio est, cum quis « ita donat, si quid humanitus ei contigisset ; sin autem « supervixisset is qui donavit, reciperet, vel si eum donationis « pænituisset, aut prior decesserit is cui donatum sit. » (L. II, t. VII, § 1.) Il en résulte que la donation à cause de mort était celle dans laquelle le donateur devait reprendre la chose donnée : 1° s'il ne mourait pas dans le danger ou dans le temps prévu ; 2° s'il venait à changer de volonté avant la fin de ce danger ou l'expiration de ce temps ; et si 3° le donataire mourait avant lui dans les mêmes délais. Voilà les caractères de la donation « mortis causa ». Si une donation ne les réunit pas tous les trois, cela ne peut pas être une donation de ce genre[1]. Or, notre espèce ne les réunit pas, en conséquence la donation sous la condition de survie du donataire ne peut être considérée comme donation à cause de mort. Comme, d'un autre côté, elle ne contient qu'une clause purement casuelle qui ne dépend en aucune façon de la volonté du donateur, la donation devra être déclarée valable.

C'est, d'ailleurs, l'opinion de la majorité des auteurs[2] et de la jurisprudence[3].

Pour les mêmes motifs, nous validerons la donation faite sous la condition suspensive qu'elle n'aurait d'effet que si le

1. Marcadé, t. III. Sur l'art. 951, p. 576-77, n° 696.

2. Duranton, t. VIII, n° 480. Toullier, t. V, n° 275. Coin-Delisle sur l'art. Laurent, t. XII, n° 411, etc.

3. Cass. belge, 27 mars 1833. S. 33, 2, 111. Toulouse, 29 déc. 1825. S. t. VIII, cassat. 2 avril 1862. S. 63, 1, 204.

donateur succombait à la maladie dont il se trouve atteint au moment de la donation.

Grenier[1] n'admet pas cette façon de voir et un arrêt de Bordeaux[2] du 8 août 1853 partage son opinion. Bien à tort, croyons-nous, car une telle donation ne réunit pas tous les caractères d'une donation à cause de mort.

Il pourra arriver, sans doute, que les circonstances de la cause et les stipulations particulières qui l'accompagnent prouvent que le donateur n'a pas voulu, au fond, se dessaisir actuellement et irrévocablement, mais la nullité résulterait alors du manque de ce dessaisissement et non de la condition elle-même. — Cette condition, en effet, telle qu'elle a été formulée, donne bien au donataire un droit actuel et irrévocable. Actuel : car le donataire est si bien saisi du droit à lui conféré, qu'il en peut disposer, et qu'il le transmettrait à ses héritiers, s'il mourait avant le donateur; irrévocable : car il ne dépend désormais, en aucune manière, du donateur de porter atteinte par sa volonté au droit du donataire. Or, si cette donation n'est ni caduque par le prédécès du donataire, ni révocable par la volonté du donateur, elle n'est certes pas pas une donation à cause de mort[3].

Il n'en sera pas de même, et la donation devra être annulée, si le donateur se réserve jusqu'à son décès le droit de propriété et d'usufruit sur les biens donnés. — Le donateur restant propriétaire, en vertu de la clause, a le droit de

1. *Loc. cit.*, t. I. 1re partie, chap. I, sect. I, § 2, n° 10, p. 167.

2. S. 53, 2, 641. Attendu que, dit cette Cour, si on peut, à la veille de la mort, faire encore une donation entre vifs et subordonner l'effet à une condition suspensive ou résolutoire, la condition qu'elle ne sera définitive qu'au décès du donateur ou qu'elle demeurera non avenue, s'il revient à la santé, est par elle-même exclusive de l'intention de donner entre vifs et caractéristique d'une donation à cause de mort.

3. Demolombe, t. III, *loc. cit.*, p. 472.

disposer de la chose donnée, il n'y a donc pas dessaisissement, le droit même du donataire à cette chose est suspendu.

La Cour de Bastia[1] avait cependant validé une telle donation en confondant cette clause avec la condition de survie dont nous avons parlé plus haut; mais la Cour de cassation cassa l'arrêt rendu par ladite Cour[2]. Sans doute, dans la donation avec condition de survie, le donateur conserve également la propriété et la jouissance jusqu'à sa mort, mais sous la condition que le donataire ne survive pas. « Si le donataire survit, « les actes de disposition faits par le donateur tombent, tandis « que si le donateur s'est réservé la propriété, il peut disposer; « et s'il dispose, fût-ce par acte de dernière volonté, la dona- « tion devient caduque; c'est dire qu'elle est révocable et par- « tant nulle[3]. »

Ayant ainsi passé en revue les principaux cas qui peuvent se présenter[4] dans l'application de l'article 944, passons à la troisième conséquence de la règle « Donner et retenir ne vaut. »

1. 3 déc. 1861. S. 63, 1, 422.

2. S. 63, 1, 423. Attendu qu'aux termes de l'art. 894, C. nap., la donation entre vifs est un acte par lequel.... qu'une telle réserve, laquelle laisse le donateur propriétaire pendant toute sa vie, est, de sa nature, inconciliable et incompatible avec le dessaisissement actuel, qui est de l'essence de la donation entre vifs; que cette disposition n'a pas seulement un effet suspensif, puisque du jour même de la donation, le donateur reste pleinement maintenu dans tous les droits de propriété; qu'une donation faite dans ces termes est donc nulle, comme ne présentant pas les caractères légaux de la donation entre vifs....

3. Laurent, t. XII, n° 411.

4. Voir un cas assez curieux jugé par la Cour de cassation le 14 nov. 1883. (Pandectes françaises, Répert. Donat. t. I, n° 5189, p. 626.) L'obligation de rendre les choses prises par le donataire n'annule pas la donation si le donateur n'a aucune action contre lui.

CHAPITRE III

DES DONATIONS FAITES A LA CHARGE PAR LE DONATAIRE D'ACQUITTER LES DETTES DU DONATEUR

L'article 944 a pourvu, nous l'avons vu, à ce que le donateur n'eût point la faculté de révoquer son bienfait; l'article 945 qui en est le complément empêche de l'amoindrir ou d'anéantir son effet, en défendant au donateur d'imposer au donataire la condition d'acquitter ou de supporter des dettes ou des charges imprévues lors du contrat. « Elle sera pareillement « nulle, si elle a été faite sous la condition d'acquitter d'autres « dettes ou charges que celles qui existaient à l'époque de la « donation, ou qui seraient exprimées soit dans l'acte de « donation, soit dans l'état qui devrait y être annexé. » (Art. 945.)

On peut réduire l'explication de l'article 945 à ce principe, que s'il est permis au donateur d'imposer telles charges que bon lui semble à sa donation, ces charges ne peuvent jamais être augmentées après coup.

Cet article comme le précédent est emprunté à l'article 16 de l'Ordonnance de 1731 qui dit : « Les donations qui ne « comprendront que les biens présents seront pareillement « déclarées nulles, lorsqu'elles seront faites à condition de

« payer les dettes et charges de la succession du donateur, en « tout ou en partie, ou autres dettes et charges que celles qui « existaient lors de la donation; même de payer les légitimes « des enfants du donateur, au delà de ce dont ledit donataire « peut en être tenu de droit. »

Avant l'Ordonnance, malgré quelques dissentiments, la majorité des coutumes et des auteurs étaient d'accord sur ce point. « Celles d'entre nos coutumes, dit Sallé, qui ont prévu « cette question, se sont réunies pour décider que la donation « entre vifs de tous biens ou de partie à charge de payer « toutes les dettes que le donateur doit et devra à l'heure de « sa mort est nulle[1]. »

Et Furgole[2]. « Si l'on examine les coutumes et les auteurs « qui les ont expliquées, on s'apperçoit que l'esprit général du « droit coutumier, sur lequel notre texte a été formé est : « 1° Que c'est contrevenir à la maxime « Donner et retenir « ne vaut », lorsque le donateur impose au donataire une « charge indéfinie, qui a trait de temps à l'avenir, et qu'il « dépend de la volonté du donateur d'augmenter comme il lui « plaît. »

Citons enfin ce passage si énergique de Ricard : « En effet, « il n'y a rien de plus contraire à l'irrévocabilité, et à la cer- « titude nécessairement requises, pour rendre valable une « donation entre vifs, que la liberté d'en pouvoir disposer par « le donateur, et la réduire à néant, par la création d'autant « de dettes qu'il lui plaira, et que le donataire est tenu d'ac- « quitter, suivant la stipulation du contrat[3]. »

L'article 945 en reproduisant l'article 16 de l'Ordonnance

1. Sallé, *Esprit des ordonn. de Louis XV sur l'art.* 16, p. 37, 38.
2. Furgole, *loc. cit.*, p. 149.
3. Ricard, *loc. cit.*, Première partie, n° 1028, p. 261.

de 1731 ne fait donc que consacrer un principe depuis longtemps existant dans l'ancien droit.

Trois idées se dégagent nettement de cet article :

1° Une donation est valable, si elle est faite sous condition, pour le donataire, d'acquitter toutes les dettes et charges présentes du donateur, c'est-à-dire toutes celles qui existent au moment de la donation;

2° La donation sera encore valable si le donataire était chargé de payer des dettes futures déterminées, exprimées soit dans l'acte de donation, soit dans un état y annexé;

3° La donation serait nulle si le donataire était chargé de payer, d'une façon indéterminée, les dettes que le donateur contractera postérieurement à la donation.

Examinons successivement chacune de ces hypothèses.

I. Conséquence. — Il est incontestable que le donateur peut imposer au donataire, comme charge de la donation, l'obligation de payer ses dettes présentes en tout ou en partie. Car, étant libre de ne pas donner, il est bien libre de donner à telle condition qui lui plaira, pourvu que cette condition ne soit contraire à la règle « Donner et retenir ne vaut ». Or, la condition qui nous occupe n'a rien de contraire à cette règle, vu qu'il ne dépend pas du donateur d'augmenter ces dettes, les dettes qu'il contracterait après la perfection de la donation ne seraient pas des dettes présentes.

Il en serait ainsi, même si les dettes et charges dépassaient l'émolument de la donation.

Une fois que le donataire a accepté il est tenu de les acquitter, et ne pourrait se soustraire à cette obligation en renonçant, contre le gré du donateur, à la libéralité qu'il a reçue[1]. Les termes un peu obscurs de l'article 945 ont fait

1. Baudry et Collin. *Loc. cit.*, t. I, n° 1466, p. 602.

croire à quelques auteurs qu'il était nécessaire de bien désigner et limiter les dettes présentes, soit dans l'acte même, soit dans un état y annexé.

C'est là une erreur, selon nous, notre article ne demande cette limitation; qu'au point de vue des dettes futures cela résulte manifestement de ce qu'il emploie la disjonctive « ou » et non la conjonctive « et »[1]. Cela résulte aussi de l'esprit de la loi qui fait ici une application de la règle : « Donner et retenir ne vaut », règle qui n'est nullement atteinte dans le cas qui nous occupe.

En conséquence serait parfaitement valable la donation faite à charge pour le donataire de payer toutes les dettes présentes du donateur sans aucune autre explication[2]. Bien entendu que le donataire ne sera tenu, dans ce cas, que du payement des dettes ayant une date certaine à l'époque de la donation[3], autrement le donataire serait à la merci du donateur qui par des dettes antidatées pourrait diminuer la donation ou l'anéantir à son gré.

Le donataire pourra, évidemment, s'il le veut, faire dresser un état des dettes présentes du donateur, pour être fixé sur l'importance des charges qui lui sont imposées, mais, ainsi que nous venons de l'établir, cela n'est nullement nécessaire pour la validité de la donation.

Une question beaucoup plus discutée est celle de savoir si le donataire des biens présents est tenu de plein droit, indépendamment de toute clause spéciale, des dettes présentes du donateur.

Grande est la controverse.

1. Baudry ot Collin, n° 1467.
2. Toulouse, 29 janvier 1872. S. 73, 2, 200.
3. *Sic*. Grenier, t. I, n° 47, p. 195; Toullier, t. III, n° 818; Duranton, t. VIII,

Un certain nombre d'auteurs[1] divisent les donations de biens présents en trois catégories, par analogie de ce que l'article 1002 fait quant aux legs :

1) Donations à titre particulier, celles qui portent seulement sur un ou plusieurs biens déterminés;

2) Donations universelles, qui comprennent tous les biens présents;

3) Donations à titre universel qui comprennent une quote-part de ces biens, comme le tiers, le quart, ou bien, tous les meubles ou tous les immeubles, ou une quote-part de ces meubles ou de ces immeubles.

Dans le premier cas, celui d'une donation à titre particulier, le donataire n'est jamais tenu de contribuer en quoi que ce soit au paiement des dettes, elles restent toujours à la charge du donateur ou de sa succession. Le donataire ne pourra être actionné qu'hypothécairement, sauf son recours.

Comment, en effet, ce donataire serait-il tenu au paiement des dettes du donateur, puisque le légataire à titre particulier lui-même n'est pas tenu des dettes du testateur! La charge des dettes est « non rerum singularis sed universitatis ».

Quant aux deux autres cas, les donataires seront tenus de payer tout ou partie des dettes présentes du donateur, selon que la donation est universelle ou à titre universel. Recueillant un ensemble de biens, ils doivent en supporter le passif, par la raison que les dettes sont une charge des biens et que « bona non intelliguntur nisi deducto ære alieno ».

n° 473 et 482; Demante, t. IV, n° 87 *bis*; Aubry et Rau, t. VI, n° 99; Laurent, t. XII, n°s 405 et 434; Baudry et Collin, *loc. cit.*, n° 1469. Agen, 1842, S. 43, 2, 164; Caen, 15 jan. 1849.

1. Grenier, *loc. cit.*, t. I, n° 90; Deloincour, t. II, p. 77; Duranton, n° 482; Vazeilles, sur l'art. 945, note 1; Merlin, Rep. Marcadé sur l'art. 612, etc.

Ces conclusions résultent, disent les partisans de ce système, des considérations suivantes :

1) Des travaux préparatoires du Code. Voici, en effet, les paroles prononcées par Jaubert, en réponse aux explications demandées par la section de législation du tribunal[1] :

« Le laconisme du projet sur la partie des dettes et charges « avait inspiré quelques alarmes. Après l'examen le plus « réfléchi, votre section de législation a pensé qu'une explica- « tion plus étendue serait superflue.

« Les donations comprennent ou la totalité des biens, ou « une quotité de biens, ou enfin une chose particulière.

« Une donation de la totalité des biens comprend de droit « l'obligation de payer toutes les dettes et charges existant à » l'époque de la donation. Il n'y a de biens que ce qui reste, « déduction faite des dettes.

» Le donataire d'une quotité de biens doit supporter les « dettes et charges en proportion de son émolument ; celui « d'une espèce de biens, par exemple des meubles ou des « immeubles, doit payer les dettes en proportion de son émo- « lument.

« Le donataire seul d'un objet déterminé n'est obligé « de payer que les dettes ou charges auxquelles il s'est « expressément engagé, sauf l'exercice du droit hypothé- « caire.

« Il ne pourra donc y avoir aucun embarras, ni à l'égard « de ses créanciers, ni enfin à l'égard de ses héritiers, lorsqu'il « s'agira, entre le donataire et les héritiers, de savoir quelles

1. Cette section demanda « s'il ne devrait pas être établi, en principe, que tout donataire universel ou à titre universel de biens présents est tenu, de droit, de payer les dettes existantes à l'époque de la donation.... (Locré, *Législ. civile*, t. XI, p. 333.)

« sont les dettes et les charges qui les concernent respecti-
« vement[1]. »

Il est impossible de trouver un principe plus nettement établi et si la question n'est pas tranchée par une disposition de la loi, le législateur a pris soin lui-même d'en expliquer les motifs : c'est qu'il a paru que la solution de cette question, dans le sens indiqué par Jaubert, résultait avec évidence des dispositions générales de la loi.

2) Telle était l'opinion qui prédominait dans l'ancien droit. Plusieurs coutumes telles que : Normandie (art. 431), Bourbonnais (art. 209), Bretagne (art. 219) s'expliquent formellement là-dessus ; et ces coutumes, dit Grenier[2], formaient le droit commun de la France.

Les auteurs de leur côté partageaient cet avis. « Le donataire
« de biens présents et à venir, dit Ricard, est tenu des dettes,
« qui consistent en ce que les biens donnés par une disposition
« universelle reçoivent en soi diminution par les dettes aux-
« quelles ils sont affectés, a aussi lieu lorsqu'il s'agit d'une
« donation de biens présents, qui sont diminués à proportion
« de ce qu'ils se trouvent chargés de dettes. Bona intelligun-
« tur quæ supersunt deducto ære alieno »[3].

Furgole, sur l'article I de l'Ordonnance, s'exprime ainsi :
« Les donations des biens présents ou d'une quote, ne sont
« universelles que respectives, en ce que le donataire profite
« de l'universalité des biens existants lors de la donation, et
« qu'il en paye les charges et dettes aussi existantes[4] » ; et
plus loin, sur l'article XVI de cette même Ordonnnance, il

1. Locré, *Législ. civile*, t. XI, p. 459, 60.
2. *Loc. cit.*, t. I, n° 88, p. 254.
3. Ricard, *loc. cit.*, t. I, troisième partie, n° 1523.
4. Furgole, *loc. cit.*, p. 9.

dit : « Le donataire de tous les biens présents, ou d'une « quote, doit payer toutes les dettes créées, lorsque la donation « est de la totalité, ou par proportion de la quotité, lorsqu'elle « n'est que d'une partie de la totalité, parce que bona non « dicuntur nisi deducto ære alieno [1]. »

Enfin Pothier partage aussi cette opinion : « A l'égard des « donataires universels des biens présents, ils sont tenus des « dettes que le donateur devait lors de la donation, par la « raison que les dettes sont une charge des biens, et que bona « non intelliguntur, nisi deducto ære alieno [2]. »

3° Cela résulte encore de l'art. 1084, qui admet la donation de biens présents et à venir par contrat de mariage, et qui veut que si on annexe à l'acte un état des dettes et charges du donateur, existantes au jour de la donation, le donataire puisse diviser la donation, et s'en tenir aux biens présents, en renonçant au surplus des biens du donateur; ce qui signifie qu'alors il doit toutes les dettes existantes au jour de la donation[3].

4° On invoque en outre les principes d'équité qui ne peuvent permettre qu'un débiteur puisse donner tout ou partie de sa fortune, sans attacher à l'actif dont il se prive une portion équivalente du passif. Car, lorsque les créanciers ont traité avec le donateur, il était en possession de cette fortune, de cette universalité de biens dont il s'est depuis dépouillé. Or, comment des créanciers qui auraient contribué à augmenter cet actif, qui auraient traité sur la foi qu'il devait inspirer, pourraient-ils être dépouillés de leurs gages, par le seul fait d'une donation postérieure? Sans doute, les créanciers ont le

1. Furgole, *loc. cit.*, p. 144.
2. Pothier. *Traité des donat.* Sect. III, art. 1, § 1, t. XXIII, p. 93.
3. Grenier, t. I, n° 88, p. 254.

droit de faire annuler la donation comme frauduleuse, mais ce moyen ne saurait être suffisant ni être considéré comme un équivalent de l'action personnelle des créanciers contre le donataire, puisque dans l'action en nullité, les créanciers sont obligés de prouver la fraude, tandis qu'il leur suffit, pour exercer l'action personnelle contre le donataire, qu'ils justifient de leur qualité de créanciers au moment de la donation ; d'où il suit que les droits des créanciers ne peuvent être efficacement protégés, qu'autant que le donataire est personnellement tenu des dettes du donateur [1].

5e Enfin la jurisprudence [2] est en ce sens.

Malgré ces raisons, nous ne croyons pas ce système exact. Il se base, en effet, sur une fausse division des donations de biens présents en : donations universelles, à titre universel, et à titre particulier. En vertu de cette division, qu'aucun texte n'autorise, on assimile les donataires de tous biens présents ou d'une quote-part de ces biens, aux légataires universels ou à titre universel. Or, peut-on concevoir cette assimilation?

Les successeurs universels ou à titre universel d'une personne sont ceux qui sont appelés à recueillir l'universalité ou

1. Un arrêt de la cour de Bordeaux du 23 mars 1827 s'exprime ainsi sur ce point : « Attendu que... elle satisfait seule à l'équité, qui répugne à ce que l'universalité des biens d'un individu, gage commun de ses créanciers, passe à titre gratuit, dans les mains d'un donataire affranchi de l'obligation de payer les dettes, et qui s'enrichirait ainsi, au préjudice desdits créanciers; que ce seul résultat autoriserait les créanciers à intenter l'action en révocation de la donation pour cause de fraude, et qu'il est plus conforme à la raison d'accueillir une demande qui laisse subsister la donation en ce qu'elle a de juste et de légitime que de forcer les créanciers de recourir à une action qu'on ne doit employer que comme remède extrême....

2. Riom, 2 déc. 1809. S. 12, 2, 380; Nîmes, 2 déc. 1809. S. 14, 2, 81; Limoges, 29 avril 1817. S. 17, 2, 164; Toulouse, 13 avril 1821. S. 1821, 2, 402; Nîmes, 3 avril 1827, S. t. VIII, 2, 353.

une quote-part de l'universalité de son patrimoine, qui se compose de l'ensemble de ses biens présents et à venir. — La donation entre vifs ne comprend et ne peut, d'ailleurs, comprendre que les biens présents du donateur, le donataire n'a donc droit qu'à ces biens, sans pouvoir jamais aspirer aux biens à venir ; il n'a donc jamais vocation à l'universalité des biens du donateur, ou à une quote-part de cette universalité, il est en conséquence toujours un successeur à titre particulier.

Alors en vertu de quel principe serait-il tenu de plein droit au paiement des dettes, puisque le légataire particulier n'est nullement sujet à cette obligation ?

Nous ne contestons pas que le plus souvent il arrivera que le donataire de tous biens présents sera tenu de payer les dettes présentes du donateur, mais cela ne sera pas parce qu'il en est tenu de plein droit, mais uniquement pour le motif que l'on aura jugé que telle avait été l'intention des parties. On ne donne généralement que ce que l'on possède, donner ses biens présents sans en déduire les dettes, c'est donner plus qu'on a, il est donc naturel de présumer que le donateur a entendu tacitement charger le donataire du paiement de ses dettes.

« Or, il n'est pas, à beaucoup près, indifférent de dire que « l'obligation du donataire aux dettes dérive de l'une ou de « l'autre de ces causes : soit de la loi elle-même, soit seule- « ment de la convention des parties.

« D'abord, parce qu'autant la théorie, qui la fait dériver de « la convention des parties, nous paraît conforme aux vrais « principes, autant celle qui la fait dériver de la loi y est, « suivant nous, contraire.

« Ensuite, parce que si les conséquences de l'une et de

« l'autre théorie sont quelquefois semblables, il peut arriver « aussi, et même le plus souvent, qu'elles sont différentes[1]. »

En effet, en obtenant ce résultat par voïe d'interprétation, il reste toujours en principe que nul n'est tenu des dettes d'autrui qu'en vertu d'une loi ou d'une convention, et par conséquent la moindre circonstance doit suffire pour écarter la présomption tirée de la généralité des termes de la donation. Ainsi, quand il y a donation d'une quote de biens présents, on ne doit pas faire contribuer le donataire aux dettes, si le donateur lui a fait délivrance de la partie des biens donnés sans réserve aucune ; s'il a lui-même payé ces dettes ; si le donateur a promis de rembourser au donataire le montant des dettes que celui-ci aurait payées, etc. En un mot, c'est une question de fait et d'appréciation de l'acte de donation[2].

Quant aux arguments donnés, nous ne les croyons pas propres à nous convaincre.

Prenons-les, d'ailleurs, séparément :

1° Argument tiré des travaux préparatoires.

« Il faut le dire hardiment, s'écrie Coin-Delisle, ce n'est pas « là une explication de l'article 945, c'est un système substitué « au silence de la loi et d'autant plus dangereux, qu'à l'auto- « rité du rapport se joint l'autorité de Pothier[3]. »

La proposition de Jaubert, d'ailleurs, n'ayant pas été formulée dans la loi, n'a aucune autorité législative, elle n'a tout simplement qu'une valeur doctrinale. Or, à ce titre, il faut l'écarter, vu qu'elle repose sur une erreur : l'assimilation des donataires de tout ou partie des biens présents aux légataires

1. Demolombe, *loc. cit.*, t. III, n° 453, p. 405.
2. Coin-Delisle, t. I, sur l'art. 945, n° 12, p. 248.
3. *Idem*, n°s 7 et 8, p. 247.

universels ou à titre universel. Nous venons de démontrer que cette assimilation est impossible.

« Vouloir appliquer aux donataires les règles spéciales des « légataires, c'est argumenter de dispositions d'ordre différent: « c'est vouloir transporter le droit qui régit les successions à « des dispositions qui sont en elles-mêmes des contrats, et qui « ne peuvent être réglées que par les termes de la convention « et l'intention commune des parties[1]. »

2° Argument tiré de la tradition. Cet argument a une certaine force. Mais remarquons que Ricard n'admet qu'avec beaucoup d'hésitation l'obligation de la part du donataire de payer les dettes.

« En m'attachant à la raison, dit-il, qui doit être le « principe de toute chose, les donations entre vifs ne sont pas « sujettes à contribuer aux dettes, et qu'il n'y a que celles qui « dégénèrent en donations à cause de mort ou testamentaires, « qui y doivent participer; la raison est que, comme nous « l'avons montré en la première partie, la donation pure « entre vifs ne pouvant comprendre que les biens présents, et « non ceux à venir, il est impossible qu'il se rencontre un « titre universel dans cette espèce de donation, l'universalité « comprenant l'avenir, aussi bien que le présent, et tout ce « qui peut appartenir dans tous les temps à une personne, de « sorte que n'y ayant que le titre universel, qui dans notre « usage même, et dans les principes que nous venons d'éta- « blir, puisse obliger aux dettes, un semblable donataire par « ce moyen n'en peut pas être tenu[2]. »

Ricard admet cependant l'obligation aux dettes. « Il le faut par nécessité résoudre autrement », ajoute-t-il au passage cité,

1. Coin-Delisle, *loc. cit.*, t. I, sur l'art. 945, n° 8, p. 247.
2. Ricard, *loc. cit.*, t. I, 3° partie, n° 1522 p. 810.

mais il se garde bien, comme nous l'avons vu, d'assimiler les donataires aux légataires.

D'ailleurs tous les auteurs anciens n'étaient pas de cet avis ; ainsi, Ferrière sur l'article 334 explique bien que lorsque cet article désigne, comme contribuables aux dettes, les donataires ou légataires universels, cela ne s'entend que des donations testamentaires ou à cause de mort et non des donations entre vifs.

D'un autre coté, les principes du droit romain, qu'un certain nombre des anciens auteurs avaient admis, nous sont favorables. Ainsi d'Argentré enseignait que les seuls donataires soumis de plein droit aux dettes, étaient ceux dont la donation participait de la nature des donations à cause de mort « aut omnium bonorum, aut quotæ sit facta ut a morte donatoris vires capiat quotæ post mortem percipiendæ[1] ».

3° L'argument de texte tiré par Grenier de l'article 1084 nous paraît plutôt défavorable au système.

Si tout donataire de biens présents était tenu du paiement des dettes, pourquoi le législateur se serait-il donné la peine de le spécifier pour le cas particulier visé par cet article. Ces donations auraient été d'elles-mêmes soumises aux principes qui régiraient de plein droit les donations de biens présents.

4° Des raisons d'équité. Nous ne voyons nullement en quoi la théorie contraire pourrait être contraire à l'équité. Cela serait vrai si on enlevait aux créanciers un droit acquis, par exemple si on leur interdisait le droit de suite par hypothèque. Mais celui qui donne ses immeubles en déchargeant le nouveau possesseur du paiement des dettes, ne porte aucune atteinte aux droits de ceux qui ne peuvent pas suivre les biens aliénés dans les mains de ce nouveau possesseur. Que cela

1. Sur l'art. 219 *de la Cout. de Bretagne.*

puisse porter préjudice à ces créanciers, cela est possible, mais dans ce cas, ceux-ci peuvent en obtenir la réparation en usant de l'action Paulienne.

5° La Jurisprudence. — Il est vrai que dans les commencements la jurisprudence était bien fixée dans ce sens, mais à partir de l'arrêt de Toulouse du 29 juillet 1836, tous les arrêts qui ont été rendus en cette matière nous sont favorables[1]. Le dernier que nous connaissions, rendu par la Cour de Grenoble le 12 mai 1882, s'exprime ainsi : « Attendu en « droit, que si le donataire de tous les biens présents et à « venir est tenu de payer les dettes du donateur, c'est parce « qu'il recueille une universalité, dont les dettes sont la « charge : Universi patrimonii, non certarum rerum, æs « alienum onus est ; — Attendu, au contraire que le donataire « d'une quote-part ou même de la totalité des biens présents « n'est pas tenu des dettes en sa seule qualité de donataire, « parce qu'il n'est acquéreur d'une universalité ni conti- « nuateur de la personne du donateur.... »

C'est consacrer d'une façon indubitable la théorie que nous soutenons.

Nous en concluons que les donataires de tout ou partie des biens présents ne sont pas tenus de plein droit au paiement des dettes présentes du donateur, et que cela ne pourra résulter que de la convention des parties ; convention qui pourra être expresse ou tacite.

Il en résulte aussi que lorsque le donataire aura été chargé

1. Toulouse, 29 juill. 1836. S. 37, 2, 27. Agen, 14 juin 1837. S. 39, 2, 490 Toulouse, 13 juill. 1839. S. 39, 2 519. Douai, 12 fév. 1840. S. 40, 2, 393. Cass. 2 mars 1840. S. 40, 1, 345. Pau, 16 juill. 1852. S. 52, 2, 417. Chambéry 25 janv. 1861. S. 61, 2, 222. Toulouse, 23 janv. 1872. S. 72, 2, 200. Grenoble, 12 mai 1882. S. 82, 2, 246.

spécialement du paiement de certaines dettes, il sera tenu de les payer toutes, mais celles-là seulement[1].

II. — La deuxième idée qui se dégage de l'article 945, c'est que le donataire peut être chargé par le donateur d'acquitter des dettes futures, à condition que ces dettes soient bien déterminées et dès actuellement invariables, prévues dans l'acte de donation ou dans un état y annexé. Le donataire sait en effet à quoi il s'engage et le donateur ne peut pas, en contractant d'autres dettes réduire ou anéantir la donation par lui faite. Mais remarquons bien que la donation ne sera valable que déduction faite du montant des dettes et charges imposées au donataire; elle sera nulle pour le surplus, alors même que le donateur ne contracterait pas les dettes futures mises à la charge du donataire. Qu'importe, en effet, que le donateur ait usé ou non de son droit? Le fait d'avoir eu la faculté de contracter ces dettes suffit pour rendre la donation révocable dans cette mesure et, en conséquence, de la vicier dans son essence et la rendre nulle en cette même mesure. Ainsi une donation de 10 000 francs avec charge pour le donataire de payer des dettes que le donateur pourra contracter, jusqu'à concurrence de 5000 francs, ne sera valable que pour les 5000 francs restants, quand même le donateur ne contracterait aucune dette.

C'était aussi l'opinion admise dans l'ancien droit.

« Si le donateur a limité jusqu'à quelle quantité le dona-
« taire en serait tenu, la donation ne sera nulle que jusqu'à
« concurrence de cette quantité, et le sera quand même le
« donateur n'aurait pas usé de cette faculté[2] ».

1. Arrêts précités contre Baudry et Collin, *loc. cit.*, t. I, n° 1468.

2. Pothier, introd. au titre XV de la *Cout. d'Orléans*, t. XVII, Section II, § I, n° 18, 3°, p. 295.

III. — La donation sera nulle, dit enfin l'article 945, si le donataire est chargé d'une façon indéterminée du paiement des dettes que le donateur contractera. C'est à cette hypothèse que Ricard fait allusion, lorsqu'il dit qu'il n'y a rien de plus contraire au principe d'irrévocabilité. Cela est évident, nous l'avons déjà démontré; nous avons vu aussi que cela ne souffrait aucune difficulté dans l'ancien droit.

Il en serait ainsi, même si le donateur n'avait contracté aucune dette à partir du moment de la donation. « Sur « l'exception, dit un arrêt de la Cour de Lyon[1] du 8 fé- « vrier 1867, de ce que le donateur n'aurait pas créé de « nouvelles dettes dans l'intervalle qui s'est écoulé depuis la « donation jusqu'à son décès : considérant que cette circon- « stance de fait ne peut être d'aucune considération ; que la « nullité édictée par l'article 945 tient à l'existence seule de « la clause, que le législateur a prohibée comme contraire au « principe de l'irrévocabilité des donations.... »

Remarquons que le donataire ne pourrait même pas demander la division de la donation, en réclamant les biens présents à charge des dettes présentes, la loi s'y oppose et ne permet pas de scinder la volonté du donateur; la condition qui nous occupe est indivisible[2].

Après avoir étudié les conséquences de l'article 945, examinons quelques cas particuliers.

Une donation de tous les biens présents avec charge pour le donataire d'exécuter un testament que le donateur se propose de faire est-elle valable?

L'Ordonnance de 1731 annulait une telle donation. Dans le droit antérieur à cette Ordonnance les avis étaient partagés,

1. S. 67, 2, 143.
2. Laurent, t. XII, n° 436.

avec une tendance cependant vers l'annulation. Dans le droit actuel le doute n'est pas possible, une telle donation est nulle[1]. Quelle différence y a-t-il, en effet, entre la faculté illimitée de contracter des dettes et la faculté illimitée de faire des legs?

Il n'en serait pas de même si le donateur s'était seulement réservé le droit de disposer par testament d'une certaine somme ou d'un certain objet compris dans la donation. Une telle donation ne serait nulle que jusqu'à concurrence de la somme ou de l'objet réservé. Si le donateur n'en disposait pas, la somme ou l'objet reviendrait à ses héritiers. C'était aussi l'opinion admise dans l'ancien droit.

Quelques auteurs[2] ont pensé qu'il fallait faire une exception pour les legs pieux ou rémunératoires que le donateur se réserverait de faire. Ils se basent sur le motif que la somme dont le donateur pourrait disposer à cet usage serait facilement déterminable, en égard de ses moyens et de sa situation sociale. Car, disait Dumoulin[3], « etiam si non certa summa, « ea intelliguntur secundum qualitatem personæ et bono- « rum ».

Nous ne croyons pas que cette solution soit exacte. Les legs qui ont pour objet une œuvre pie ou la récompense de services rendus laisseraient planer tout aussi bien que les autres des incertitudes sur le sort de la libéralité, et ouvriraient au donateur un moyen facile d'en altérer la substance.

C'est avec raison, donc, qu'un arrêt de la Cour de cassation

1. Grenier, t. I, n° 48. Saintespès-Lescot, t. III, 3°, 774. Troplong, t. II, n° 1220. Coin-Delisle, sur l'art. 945, n° 4. Demolombe, t. III, n° 442. de Terris, p. 175. Pommier, p. 212.

2. Duranton, t. VIII, n° 483. Bayle-Mouillard sur Grenier, t. I, n° 49, note b.

3. Sur l'art. 20 du titre XIV de la *Coutume d'Auvergne*. *Sic* Chabrol sur le même article

du 17 thermidor an VII déclare la nullité d'une donation, dans laquelle on met à la charge du donataire l'obligation de donner une somme déterminée à tous et à chacun des domestiques que le donateur aura lors de son décès[1].

Tout le monde admet, cependant, que la donation sera valable, si le donataire n'était chargé de payer que les frais funéraires du donateur.

Elle sera valable, d'abord, parce que si elle n'est pas fixée dans l'acte même, elle est facilement déterminable, et ensuite parce qu'il ne dépend certes pas du donateur d'altérer ou de diminuer la donation. « La charge des frais funéraires, disait « Coquille, a sa mesure certaine, et emporte tout autant que « s'il y avait une somme exprimée, parce que cela est sujet à « l'arbitrage d'un prud'homme, selon la dignité du défunt, la « portée de ses biens et la coutume du pays[2]. »

Mais, que faut-il décider au cas où le donateur imposerait au donataire l'obligation d'acquitter les legs déjà faits par lui, dans un testament authentique reçu par un notaire désigné?

Nous croyons une telle donation valable.

On a cependant soutenu[3] le contraire, se basant sur ce que l'article 945 exige que les charges futures soient exprimées dans l'acte de donation ou dans l'état y annexé; et en outre, sur ce que le testament étant un acte révocable, le sort de la donation n'est pas dès à présent invariable.

Ces raisons ne nous paraissent pas sérieuses. Qu'importe que le montant des charges ne soit exprimé ni dans l'acte, ni dans un état, du moment qu'il est fixé d'avance d'une ma-

1. S. t. I, p. 233.
2. Coquille, sur la *Cout. du Nivernais*, chap. XXVII, art. 3.
3. Dalloz, Rec. alph., t. V, p. 489, n° 25.

nière invariable dans l'acte authentique « qui se trouvera « per relationem » annexé à l'acte de donation[1] ».

Quant à l'objection que le testament est révocable, qu'importe encore? s'écrie M. Demolombe.

« De deux choses l'une :

« Ou il ne sera pas révoqué, et alors les légataires recevront le montant de l'objet de leur legs;

« Ou il sera révoqué, et alors ce n'est pas le donataire qui « en profitera, ce sont les héritiers du donateur.

« Donc, dans l'un et dans l'autre cas, le sort de la donation « est, dès à présent, irrévocable[2]. »

Les questions que nous venons d'examiner en soulèvent une autre plus générale : Est-il nécessaire, pour qu'une donation soit valable, que les dettes ou charges futures soient toujours déterminées, ou bien suffit-il qu'elles soient facilement déterminables?

A s'en tenir au texte même de l'article 945, il faudrait décider que la détermination exacte des dettes et charges est absolument nécessaire ; plus encore, que cette détermination doit être faite dans l'acte même de donation ou dans l'état qui y serait annexé. Mais ce n'est certainement pas là l'esprit de la loi. Ce que l'article 945 veut, c'est empêcher le donateur d'élargir indéfiniment l'étendue des dettes mises à la charge du donataire. Or, ce résultat est suffisamment atteint lorsque ces dettes sont, comme dans notre cas, facilement déterminables.

En vain invoque-t-on la similitude des termes de notre article avec ceux de l'article 2132 qui dit que l'hypothèque n'est valable qu'autant que la somme pour laquelle elle a été

1. Demolombe, t. III, n° 445, p. 398.
2. *Idem.*

consentie est certaine et déterminée par l'acte, ou bien si la somme est indéterminée dans sa valeur, le créancier devra, en prenant l'inscription déclarer une valeur estimative. Si l'on rapproche les situations on voit qu'il n'y a point d'analogie. En matière hypothécaire, il est utile que les tiers soient prévenus des charges qui grèvent les biens d'une personne : il est bon qu'ils soient à même de juger de son crédit ; cet examen et ce jugement seraient impossibles, si les dettes indéterminées n'étaient pas approximativement évaluées. Il n'en est pas de même dans notre espèce, l'intérêt des tiers n'est nullement en jeu. Si un débat s'élève entre le donataire et le donateur, il ne donnera lieu qu'à l'interprétation d'une clause, interprétation qui, dans notre cas, est facile à faire[1].

Examinons enfin une dernière espèce. Le donateur peut-il charger le donataire du paiement de la réserve de ses enfants ? Nous avons déjà examiné la question au point de vue historique. De nos jours, tous les auteurs sont d'avis que cela se réduit à une question d'interprétation. Le donateur a-t-il entendu que le donataire sera soumis à la réduction avant les donataires postérieurs, la donation sera nulle, car le donateur serait maître d'anéantir cette libéralité, en en faisant d'autres qui absorberaient toute sa quotité disponible. Si, au contraire, il a entendu dire, tout simplement, que, suivant le droit commun, la libéralité sera réduite si elle attaque la réserve, alors la donation sera parfaitement valable. De préférence même, il faudra l'interpréter « potius ut valeat quam ut pereat ».

1. Lesueur, *op. cit.*, p. 261.

CHAPITRE IV

DE LA DONATION AVEC RÉSERVE DE DISPOSER

« En cas, dit l'article 946, que le donateur se soit réservé « la liberté de disposer d'un effet compris dans la donation, « ou d'une somme fixe sur les biens donnés, s'il meurt sans « en avoir disposé, ledit effet ou ladite somme appartiendra « aux héritiers du donateur, nonobstant toutes clauses et « stipulations à ce contraires. »

C'est la reproduction presque littérale de la finale de l'article 16 de l'ordonnance de 1731 qui dit : « et en cas qu'il « se soit réservé la liberté de disposer d'un effet compris « dans la donation, ou d'une somme fixe à prendre sur les « biens donnés, voulons que ledit effet ou ladite somme ne « puissent être censés compris dans la donation, quand même « le donateur serait mort sans en avoir disposé, auquel cas « ledit effet ou ladite somme appartiendront aux héritiers du « donateur, nonobstant toutes clauses et stipulations à ce « contraires ».

Cette ordonnance ne fait, d'ailleurs, que consacrer un état de choses presqu'universellement admis, surtout lorsque le donateur n'avait pas prévu le cas où il ne disposerait pas des objets réservés.

Ce sentiment est universellement adopté dans nos Coutumes. Celle de Bourbonnais porte, article 211 : « Dona-

« tion entre vifs de biens, retenue certaine somme de deniers, « ou partie desdits biens, pour en disposer à son plaisir et « volonté, est bonne, quant aux biens non retenus ». Les Coutumes de Sedan (art. 112), d'Auvergne (titre 14, art. 22 et 23) disent de même que « la somme de deniers ou partie « desdits biens retenus, appartiendront aux héritiers du « donateur, s'il n'en a disposé de son vivant, et non au dona- « taire : et la disposition de ces Coutumes, comme fondée sur « une raison générale, doit avoir lieu dans toutes celles qui « n'ont point une disposition contraire[1] ».

Dumoulin aussi décide formellement que la donation jusqu'à concurrence de la réserve ne peut être mise au rang des donations entre vifs : « Si quis donet omnia bona præ- « sentia, reservatis 3000 ad testandum, si non est testatus, « remanent 3000 hæredi, non cedunt lucra donatori, quia ea « tenus retenta sunt et sic donatio nulla ea tenus[2]. »

La question présentait un peu plus de difficulté, lorsque le donateur avait exprimé la volonté qu'en cas de non-disposition, les choses réservées appartiennent au donataire.

« En cela, il (l'art. 16 de l'Ordonnance) fait un change- « ment considérable ; car on n'aurait point douté jusques ici, « du moins dans les Païs régis par droit écrit, de la validité « d'une semblable stipulation.... Si on voulait sçavoir la « raison de ce changement, il serait aisé de la trouver dans « la maxime « Donner et retenir ne vaut » ; car il est bien « évident qu'un donateur retient, en effet, tout ce dont il se ré- « serve la disposition, de quelques clauses d'ailleurs ou de quel- « ques stipulations que cette réservation soit accompagnée[3] ».

1. Sallé, *loc. cit.*, p. 41, sur l'art. 16 de l'Ordonn. de 1731.
2. Sur la cout. de Paris, § 160, n° 9.
3. Boutaric, *loc. cit.*, p. 75.

Et Coin Delisle[1] s'exprime ainsi : « Les pays de droit écrit « et les pays coutumiers étaient d'accord sur le principe; « mais dans les premiers, où la tradition n'était pas néces- « saire et où la donation des biens à venir était permise, on « jugeait que la réserve appartenait au donataire, si l'acte en « contenait donation formelle pour le cas où le donateur « n'en aurait pas disposé, tandis que dans les pays coutu- « miers, on adjugeait la réserve aux héritiers. »

L'Ordonnance de 1731 mit, comme nous l'avons vu, fin à cette controverse et sa façon de voir fut admise par l'article 946 du Code.

Il résulte des termes de cet article que, au cas où le donateur, au lieu de se réserver le droit de disposer d'une certaine somme ou de certains objets déterminés, s'était réservé un droit de disposition illimité, la donation serait nulle pour le tout.

« Si le donateur, en donnant ses biens, s'est réservé la faci- « lité d'en aliéner ce qu'il jugerait à propos, la donation est « nulle[2].

Si au contraire le donateur ne s'était réservé que le droit de disposer d'une somme fixe ou d'objets bien déterminés, la donation ne sera nulle que jusqu'à concurrence de la réserve, mais elle sera valable pour le surplus.

Cette nullité aura lieu, même si le donateur n'a pas usé de son droit de disposition, auquel cas, dit notre article, cette somme ou ces objets appartiendront aux héritiers du donateur.

Remarquons que le donateur lui-même pourra se prévaloir

1. Sur l'art. 946, n° 2. *Sic.* Ricard, n° 1017, première partie. Furgole sur l'art. 16.

2. Pothier. Introd. au titre XV de la *Cout. d'Orléans*, n° 18.

de la nullité de cette partie de la donation. Si l'article 946 ne s'est expliqué formellement qu'à l'égard des héritiers, c'est qu'il a supposé que le donateur lui-même ne voudrait pas en user.

Cependant M. Demante n'est point de cet avis.

« La donation alors, dit le savant auteur, doit être consi-
« dérée comme valable pendant toute la vie du donateur, qui
« ne s'était réservé que, pour après sa mort, le droit d'en
« dépouiller le donataire; celui-ci aura donc, pendant la vie
« du donateur un droit réel de jouissance, différent peut-être
« de l'usufruit, en ce qu'il serait transmissible aux héritiers;
« et ce droit emporterait acquisition des fruits échus ou
« perçus pendant sa durée[1]. »

Cette solution ne nous paraît pas exacte.

Évidemment que s'il est reconnu en fait que le donateur a voulu donner au donataire un droit d'usufruit sur les biens réservés, en s'en réservant seulement la nue propriété, le donateur ne pourra pas porter atteinte à ce droit d'usufruit. Mais Demante n'a pas entendu parler de ce cas particulier, il parle en général des donations faites avec réserve de disposer, dans lesquelles le donateur entend transmettre un droit de propriété et non un simple droit d'usufruit. Or, dans ce cas, le donateur s'étant réservé le droit de disposer de certains objets, la pleine propriété de ces objets n'est certainement pas acquise au donataire, actuellement et irrévocablement, la donation est donc nulle dès l'instant où elle a été faite, quant aux biens qui sont affectés de cette réserve.

Le donateur peut donc, soit en refuser la délivrance, soit en exercer la répétition, s'il les a déjà livrés, sans pour cela

1. Tome IV, n° 88 *bis*, I.

être obligé d'en faire l'usage qu'il avait indiqué dans l'acte de donation.

La finale de l'article 946 dispose que les biens réservés en cas de non-disposition, passeront aux héritiers du donateur « nonobstant toutes clauses et stipulations à ce con- « traires ».

« Il ne peut pas dépendre de la stipulation des parties, dit « Demolombe, d'énerver le caractère d'irrévocabilité qui con- « stitue essentiellement la donation entre vifs[1]. »

Nous avons jusqu'ici supposé que la réserve de disposer était pure et simple, que faudra-t-il décider au cas où cette réserve de disposer serait subordonnée à une condition indépendante de la volonté du donateur?

Ainsi je vous donne ma ferme et ma maison, mais je me réserve la liberté de disposer de ma maison pour le cas où mon frère se marierait.

La question qui se pose est la suivante : La donation de la maison est-elle nulle d'ores et d'avance, ou bien faut-il attendre l'arrivée de la condition qui affecte mon droit de disposer?

Pour nous, la question ne fait aucun doute. Se poser cette question, c'est se demander si une donation faite sous condition casuelle est valable ou non. Or, nous avons déjà résolu la question dans le sens de l'affirmative. La donation sera donc parfaitement valable à moins que la condition résolutoire que j'ai insérée dans la donation, ne s'accomplisse, auquel cas la donation sera résolue pour cette partie.

Cependant, certains auteurs[2] n'admettent pas cette manière de voir.

1. *Loc. cit.*, t. III, n° 469.
2. Troplong, t. II, n° 1215-16. Laurent, t. XII, n° 442, p. 533.

« Nous croyons, dit Laurent, que la réserve, même conditionnelle, est contraire à la maxime : « Donner et retenir ne vaut ». Cest une conséquence rigoureuse de l'irrévocabilité des donations, telle que nous l'avons définie d'après la tradition. Il suffit que la révocation dépende en partie de la volonté du donateur, pour qu'elle soit frappée de nullité.... Mon droit de disposition n'est pas absolu, la condition étant en partie casuelle; mais il reste vrai de dire que, dans le cas du mariage de mon frère, il dépend de moi de détruire la donation. Cela suffit de la rendre révocable dans le sens de la maxime : « Donner et retenir ne vaut[1] ».

Nous reconnaissons, sans doute, que l'article 946 ne distingue point entre la réserve conditionnelle et la réserve pure et simple, mais il ne faut pas oublier non plus, que le but de cet article est de sauvegarder le principe de l'irrévocabilité. Or, dans notre hypothèse, de deux choses l'une : ou bien la condition ne s'accomplit pas, et dans ce cas, je suis censé n'avoir jamais eu le droit de disposer de la maison, la libéralité a donc été irrévocable dès le moment de sa formation; ou bien la condition s'accomplit et alors j'ai le droit de disposer de la maison, la donation sera nulle pour cette partie, que j'aie ou non usé de mon droit. En quoi donc cette donation serait-elle contraire à la règle « Donner et retenir ne vaut »?

« Ne donnons pas, dit Coin-Delisle, à l'article 946 plus d'étendue que le texte n'en comporte.... Toutes les fois que le donateur ne se réservera la liberté de disposer que pour un cas déterminé et indépendant de sa volonté, la donation sera parfaite, sauf l'effet de la condition résolutoire[2]. »

1. Laurent, t. XII, n° 442, p. 533-34.
2. *Loc. cit.* sur l'art. 946, p. 250, n° 5.

La théorie que nous soutenons est, d'ailleurs, celle qui est généralement admise[1].

Il y a cependant des auteurs qui, tout en partageant cette opinion, pensent que la donation ne serait valable que lorsqu'il s'agit « d'une réserve purement éventuelle qui regardât un tiers ».

Pourquoi donc cette limitation? Et pourquoi la réserve ne pourrait-elle être faite en faveur du donateur lui-même, dès qu'elle serait soumise à une condition qui ne dépendrait pas de sa volonté?

Coin-Delisle cite l'exemple d'une donation faite par un armateur de tous ses immeubles, avec réserve d'en disposer pour moitié, en cas de naufrage des vaisseaux qu'il a en mer. Si les vaisseaux surgissent heureusement au port, la donation est irrévocable pour le tout; s'ils font naufrage, la donation est déterminée à la moitié des biens; et cette moitié passe aux héritiers; à moins de disposition nouvelle.

L'article 946 trouverait son application dans le cas où le donateur se serait réservé de créer, sur les biens donnés et à la charge du donataire, une rente viagère indéterminée. En effet, on doit déclarer nulle une donation de ce genre, dans laquelle le montant de la rente ne serait pas fixé, car il dépendrait du donateur de créer une rente tellement élevée, qu'elle absorberait le montant de sa libéralité. Il n'en serait pas de même, si les arrérages de la rente étaient fixés d'avance, et la personne à laquelle eette rente devra être servie, désignée. La rente doit alors être servie, pendant la vie de cette personne, à qui de droit, c'est-à-dire soit à cette personne elle-même, si

1. Grenier, t. I, n° 17. Toullier, t. V, n° 226. Marcadé sur l'art. 946, n° 2. Coin-Delisle, sur l'art. 946, n° 5. Toullier, Aubry et Rau, Demolombe, Baudry et Collin, etc., etc.

le donateur en a effectivement disposé à son profit, soit aux héritiers du donateur, si celui-ci n'en a pas disposé, car la donation est nulle en ce qui concerne la rente, à l'égard de laquelle le droit du donataire dépend entièrement de la volonté du donateur; mais elle est valable pour le surplus.

La question est de beaucoup plus délicate lorsque la personne à laquelle la rente devait être servie n'a pas été désignée.

Trois solutions ont été proposées :

1) Il faut évaluer la rente sur le taux de 10 pour 100 que le législateur emploie quelquefois, et qui est basée sur l'âge et la longévité humaine[1].

2) Il faut appliquer ici le terme de trente ans par analogie de l'article 619 qui fixe cette durée à l'usufruit qui n'est pas accordé à des particuliers[2].

3) Il faut procéder comme si le donateur avait réservé la rente viagère pour lui-même[3].

Les deux premières solutions nous semblent plus ou moins arbitraires, et nous adopterons en conséquence le dernier, qui au moins peut se justifier jusqu'à un certain point :

Tous les objets, en effet, auxquels s'applique la réserve stipulée par le donateur, sont censés ne pas être sortis de son patrimoine. Or, ici, c'est une rente dont il s'est réservé le droit de disposer; cette rente doit donc, en vertu des principes mêmes que nous venons d'exposer, appartenir au donateur lui-même. On le décide ainsi quand la personne au profit

1. *Bayle-Mouillard sur Grenier*, t. I, n° 16, note à Demolombe, t. III, n° 474.
2. Demante, t. IV, n° 88 *bis*, 3.
3. Vazeille sur l'art. 946, n° 2. Laurent, t. XII, n° 443. Terris, p. 183. *Pandectes françaises. Donat.*, t. I, n° 5314, p. 642.

de laquelle le donateur s'est réservé de la constituer est désignée; il n'y a point de raison pour qu'il n'en soit pas de même si elle n'est pas désignée.

Nous avons fini l'examen des clauses incompatibles avec la règle « Donner et retenir ne vaut »; avant de passer aux clauses compatibles avec cette règle, il nous reste à faire remarquer qu'aux termes de l'article 947 les quatre articles que nous venons d'étudier (943-44-45-46) ne s'appliquent point aux donations faites par contrat de mariage, soit par des tiers au profit des futurs époux ou des enfants à naître du mariage, soit par l'un des futurs époux au profit de l'autre, soit enfin pendant le mariage par l'un des époux au profit de l'autre.

SECTION II

Clauses compatibles avec la règle « Donner et retenir ne vaut ».

CHAPITRE PREMIER

DES DONATIONS AVEC RÉSERVES D'USUFRUIT

Nous avons vu, dans notre étude historique, que le très ancien droit français avait exigé pour la validité des donations que le donateur qui voulait dépouiller ses héritiers de ses propres s'en dépouillât lui-même tout de suite, réellement et effectivement, en lui imposant, outre la tradition de droit, une tradition réelle et effective.

Il est évident que dans une telle législation, le donateur ne pouvait se réserver l'usufruit de la chose donnée. Mais, plus tard, sous l'influence de la renaissance du droit romain, les coutumes se relâchèrent de leur rigueur et finirent par permettre de remplacer la tradition réelle par une tradition feinte.

Les traditions feintes admises, il en résulta tout naturellement que la réserve d'usufruit, qui en est le type, fut admise aussi.

« Ce n'est donner et retenir, disent les coutumes, quand

« on donne la propriété d'aucun héritage, retenu à soi l'usu-« fruit à vie ou à temps, et vaut la donation » (art. 275 de la coutume de Paris).

En effet, la rétention d'usufruit est en elle-même une tradition, puisque le donateur ne retient plus la chose, qu'à cause de son droit de jouissance, et que le donataire en a seul la propriété.

Ce sont ces principes de l'ancien droit que le législateur de 1804 consacre en l'article 949 qui dit : « Il est permis au dona-« teur de faire la réserve à son profit, ou de disposer au « profit d'un autre de la jouissance ou de l'usufruit des « biens meubles ou immeubles donnés. »

Cette disposition paraît tellement incontestable dans le droit actuel, qu'on s'est même demandé pourquoi le législateur s'était donné la peine l'énoncer.

Lorsque le donateur se réserve l'usufruit des biens donnés, il y a seulement donation de la nue propriété ; or, le donataire acquiert actuellement et irrévocablement ce droit de nue propriété, il n'y a donc rien de contraire à la règle « Donner et retenir ne vaut ».

On a objecté que le donateur qui conserve la jouissance de la chose donnée pouvait abuser de son droit et rendre ensuite la chose, dégradée et amoindrie, au donataire. Il peut donc altérer la donation et contrevenir à notre règle. Mais, comme le fait remarquer Laurent[1], le donateur ne peut porter atteinte à la donation qu'en fait et non en droit ; le donateur usufruitier n'a pas la faculté d'abuser ; s'il abuse, il en est responsable ; la responsabilité peut être illusoire si le donateur est insolvable, mais c'est encore là une considération de fait qui n'a aucune influence sur le droit.

1. T. XII, n° 446, p. 537.

Malgré l'évidence de l'article 949, nous ne croyons pas qu'une critique judicieuse puisse taxer cet article d'inutilité.

D'abord, notre article consacre, comme nous venons de le voir, un principe déjà existant, mais qui avait donné lieu à beaucoup de difficultés dans l'ancien droit; ensuite il met fin à l'incertitude dans laquelle on était sur le point de savoir si les traditions feintes et spécialement si la rétention d'usufruit pouvait être appliquée aux donations de meubles.

D'ailleurs la meilleure preuve de cette utilité, c'est que, aujourd'hui même, malgré les termes formels de l'article 949, on a eu quelques difficultés à l'égard des dons manuels. On a soutenu[1] et l'on a jugé même[2] que la réserve d'usufruit ferait obstacle au dépouillement complet et irrévocable du donateur, qui, par la tradition qu'il lui consent, ne met pas à l'entière disposition du donataire les objets dont il le gratifie.

On peut juger de ce qui aurait pu arriver si l'article 949 n'avait pas existé.

Aux termes de l'article 949, il est permis au donateur de faire réserve à son profit ou de disposer au profit d'un autre « de la jouissance ou de l'usufruit » des biens donnés.

Demante[3] ne voit dans les mots : jouissance et usufruit, employés par notre article, qu'un simple pléonasme ; le législateur, dit-il, n'a pas entendu exprimer, par ces deux mots, deux idées différentes.

Nous croyons plutôt, avec M. Demolombe, que, conformément à la tradition, notre article ne vise pas seulement la rétention d'usufruit, mais il déclare valable toute autre rétention de

1. Buchère, *Valeurs mobilières*, n° 848. Bressolles, *Dons manuels*, n° 202. Labbé. *Revue critique*, année 1882, t. XLVIII, p. 338.

2. Arrêt de Cour d'appel de Paris du 16 août 1878, cassé par l'arrêt de la haute Cour de cass. du 11 août 1880. S. 81, 1, 15.

3. T. IV, n° 91 *bis*, 1.

jouissance, telles que : droit d'usage ou d'habitation, bail, etc.

« Ce que les coutumes françaises, dans leur dernier état, « avaient autorisé, dit Demolombe, ce n'était pas seulement « la réserve d'usufruit, c'était plus généralement la tradition « feinte, laquelle s'opérait, en effet, non seulement par la « réserve d'usufruit, mais toutes les fois que le donateur ne « conservait, après la donation, la possession de la chose « donnée que pour le donataire et en son nom, soit comme « fermier, disait Pothier, soit comme locataire, soit de « quelque autre manière que ce fût.

« Et telle est, nous le croyons, l'origine de ces deux mots, « qui se trouvent dans l'article 949 [1]. »

Une question assez délicate est celle de savoir quel droit il faut attribuer au donateur, lorsque celui-ci, tout en stipulant que le donataire ne rentrera en jouissance qu'au bout d'un certain temps, ne s'est pas expliqué sur la nature du droit qu'il entend conserver. Ricard pensait que c'est toujours un droit d'usufruit : « ... il n'est pas nécessaire que les termes « de rétention d'usufruit y soient expressément, pourvu que « ceux dont le donateur s'est servi emportent avec eux cette « rétention ; ainsi si après avoir donné avec des termes qui « transfèrent la propriété, et la véritable possession en la per- « sonne du donataire, il stipule qu'il n'entrera en jouissance « qu'après son décès [2] ». Et Pothier [3] qui rapporte cette opinion de Ricard semble bien l'admettre, quoiqu'il ne se prononce pas là dessus.

Dans le droit actuel, nous croyons que le problème se réduit à une interprétation de fait. On devra chercher quelle

1. Demolombe, t. III, n° 483, p. 433.
2. Ricard, 1re partie, n° 933, p. 239.
3. Pothier, *Donat. entre vifs*. Sect. II, art. 2, § 1.

était l'intention probable des parties[1]. — En cas de doute, il faudra plutôt l'interpréter dans le sens d'une rétention de jouissance à titre de bail.

L'usufruit que le donateur peut se réserver est soumis en principe aux mêmes règles que celles qui régissent le droit d'usufruit en général. Ainsi le donateur sera soumis aux règles prescrites par l'article 600, qui demande qu'un état des immeubles et un inventaire des meubles soient dressés en présence du nu propriétaire ou lui dûment appelé. Le plus souvent l'inventaire des meubles sera remplacé par l'état estimatif que prescrit l'article 948.

L'article 601 dispense néanmoins le donateur de fournir la caution exigée à l'usufruitier ordinaire. Cette faveur accordée au donateur nous paraît au moins bizarre, vu qu'elle s'accorde difficilement avec le principe de l'irrévocabilité des donations. Le donateur restant, en effet, saisi des objets donnés, peut diminuer, parfois même anéantir le droit du donataire. L'unique garantie de celui-ci réside dans la responsabilité du donateur en cas d'abus de jouissance.

Remarquons que les dispositions de l'article 601 ne s'appliqueraient pas en faveur du tiers au bénéfice duquel le donateur aurait disposé de l'usufruit de la chose donnée, la faveur lui est purement personnelle.

Le donateur pourra aussi se réserver un droit de jouissance plus étendu que celui d'un usufruitier ordinaire, pourvu toutefois qu'il ne soit pas porté atteinte à la règle d'irrévocabilité. Aux termes de l'article 579, Code civil, l'usufruit peut être établi par la loi ou la volonté de l'homme. L'usufruit réservé par le donateur rentre dans ce dernier cas, et peut, comme

1. Demolombe, t. III, n° 484. *Pandectes franç. Donat.*, n° 5326, p. 645.

celui-ci, recevoir par le titre constitutif des modifications plus ou moins étendues.

Ainsi le donateur peut se réserver le droit de faire tous baux, toutes coupes de bois, même de futaies, toutes additions, réparations et modifications aux immeubles, avec la liberté de jouir de ces immeubles comme aurait pu faire le propriétaire lui-même[1]. De pareilles stipulations, relatives uniquement à des droit, d'administration, laissent intacte la substance de la choses ne donnent pas au donateur le droit de la détruire, ni d'en disposer, et n'ont rien de contraire au principe du dessaisissement actuel et irrévocable.

Il en serait autrement et la donation serait nulle si les clauses réservées permettaient au donateur de diminuer ou d'altérer la donation. Un arrêt de la Cour de Paris[2] annula une donation avec réserve d'usufruit qui portait que le donateur aurait le droit de changer à son gré le mobilier, à charge de le remplacer, et que, en cas de remplacement, il n'en pourrait résulter aucune action, soit pour augmentation, soit pour diminution de la valeur portée dans l'acte. Cette réserve permettait, en effet, au donateur d'altérer les effets de la donation, puisqu'il conservait le droit de disposer du mobilier et de diminuer la donation sans que le donataire eût action contre lui.

En ce qui concerne d'ailleurs les donations d'effets mobiliers, l'article 950 règle d'une façon spéciale les diverses difficultés qui pourraient s'élever à l'expiration de l'usufruit, entre le donateur ou ses héritiers et le donataire.

« Lorsque, dit cet article, la donation d'effets mobiliers « aura été faite avec réserve d'usufruit, le donataire sera

1. Cass., 19 février 1878. S. 78, 1, 213.

2. Paris, 23 janv. 1809 (Dalloz, v° *Disposition*, n° 1524).

« tenu, à l'expiration de l'usufruit, de prendre les effets « donnés qui se trouveront en nature, dans l'état où ils « seront; et il aura action contre le donateur ou ses héritiers « pour raison des objets non existants, jusqu'à concurrence « de la valeur qui leur aura été donnée dans l'état estimatif. »

Notre article prévoit deux hypothèses :

1). Les objets donnés se retrouvent en nature à l'expiration de l'usufruit. Dans ce cas, le donataire doit les prendre dans l'état où ils se trouvent, à moins qu'il ne prouve que la détérioration résulte de la faute ou du fait de l'usufruitier, dans quel cas ce dernier sera responsable de cette détérioration.

A cette première hypothèse, l'article 950 ne fait donc qu'appliquer les principes généraux de l'article 589.

2). Les objets donnés ne sont pas représentés à la fin de l'usufruit. Dans ce cas l'article décide que le donateur ou ses héritiers devront rembourser le prix des meubles non représentés d'après l'état estimatif dressé au moment de la donation.

On a cru voir, dans la partie finale de l'article 950, une disposition beaucoup trop rigoureuse pour le donateur. On a prétendu[1], en effet, qu'en vertu de cette disposition, le donateur serait obligé de payer la valeur estimative des objets non représentés, dans tous les cas, même dans celui où il aurait péri par cas fortuit.

Or, cela est impossible. « Si, pour assurer l'irrévocabilité de « la donation, le législateur soumettait le donateur à une res- « ponsabilité plus sévère, nous comprendrions sa rigueur : car « les effets de la donation ne peuvent dépendre en rien du « donateur, il devrait donc répondre de la faute la plus légère. « Mais on ne peut pas aller plus loin sans injustice. Si la

1. Proudhon. *Usufruit*, n° 2644 et suivants.

« chose périt par un pur hasard, on ne peut pas dire que la « donation est révoquée par le fait du donateur; dès lors la « maxime « Donner et retenir ne vaut » est hors de cause[1]. »

Comment, en outre, le donateur avec réserve d'usufruit serait-il tenu des cas fortuits, alors que le vendeur avec réserve d'usufruit dont la situation est certainement moins favorable, n'est pas responsable de ces cas.

Il va de soi que c'est au donateur ou à ses héritiers de faire la preuve des cas fortuits qu'ils allèguent.

Réduit à son vrai sens, l'article 950 ne présente donc rien de trop rigoureux. Il est vrai qu'en obligeant le donateur de payer la valeur portée dans l'état estimatif, on lui fait payer plus que la valeur de ces objets lors de la cessation de l'usufruit, mais nous ne voyons là qu'une légère peine infligée au donateur pour la faute qu'il a commise. Il ne tenait qu'à lui de ne pas l'encourir : « Sibi imputare debet ».

1. Laurent, t. XII, n° 447, p. 547.

CHAPITRE II

DU RETOUR CONVENTIONNEL

La deuxième stipulation compatible avec la règle : « Donner et retenir ne vaut » c'est celle de retour conventionnel.

Cette stipulation a son origine dans le droit romain[1], d'où elle passa sans difficulté dans l'ancienne jurisprudence française, tant dans les pays de droit écrit que dans ceux de droit coutumier.

La donation une fois parfaite, le donataire devient propriétaire des choses données et les transmet en conséquence à ses héritiers ou légataires sans distinguer s'il meurt après ou avant le donateur. Or, le plus souvent, si le donateur en faisant la libéralité a préféré le donataire à lui-même, il est douteux qu'il en soit de même quant aux héritiers ou légataires de ce dernier.

1. « Ce droit de retour ou de réversion avait pris son principe dans la loi 6 de « jure dotium qui concernait particulièrement la dot constituée par le père à sa « fille et dans la loi 2 au Code, de bonis quae lib., qui pouvait s'appliquer à toutes « sortes de libéralités exercées par les ascendants à l'égard de leurs enfants. Ces « deux lois avaient des motifs infiniment purs. La première était fondée sur ce « qu'il paraissait contraire à l'équité qu'un père éprouvât la double perte et de sa « fille et de la dot qu'il lui avait donnée. « Ne et filiae emissae et pecuniae dam- « num sentiret ». La seconde, conçue dans des idées plus étendues avait pour « objet d'exciter en général la bienfaisance des pères à l'égard de leurs enfants. « Prospiciendum est enim nec hac infecta formidine, parentum in liberos muni- « ficentia retardetur » (Grenier IV, n° 26, p. 176). Sic Pothier, sect. III, art. IV « du droit de retour.

Il est même probable que le donateur se préfère personnellement à ces héritiers ou légataires, donc si de son vivant les biens donnés passent à ceux-ci, il se produit un résultat généralement contraire à ses intentions.

C'est précisément pour éviter une semblable éventualité, que la loi, a cru devoir expressément autoriser le donateur à stipuler que les biens donnés lui feront retour si le donataire meurt avant lui : « Le donateur pourra stipuler le droit de retour, des « objets donnés, soit pour le cas du prédécès du donataire « seul, soit pour le cas du prédécès du donataire et de ses « descendants. Ce droit ne pourra être stipulé que pour le « donateur seul » (art. 951).

Le droit de retour, avons nous dit, est une stipulation nullement contraire au principe d'irrévocabilité des donations, car il n'est autre qu'une condition résolutoire casuelle. Le prédécès du donataire ou de ses enfants qui doit amener la révocation est incontestablement indépendant de la volonté du donateur.

Remarquons, néanmoins, que le retour conventionnel, étant une exception au droit commun, ne peut jamais se présumer; il doit être par cela même stipulé d'une façon formelle dans l'acte de donation, de manière à ne laisser aucun doute sur la volonté du donateur. Le point de savoir si cette volonté se trouve vraiment exprimée dans tel ou tel acte sera un point de fait, une question d'interprétation, abandonnée à la sagesse du juge.

A l'encontre de ce qui se passait dans l'ancien droit français[1], qui considérait le droit de retour comme toute autre stipula-

1. Malleville : mais le droit de retour passait aux héritiers du donateur, quoiqu'il fût mort avant le donataire, s'il avait été stipulé pour le cas du décès de celui sans enfants (t. II, p. 419). Sic Grenoble 26 août 1813.

tion transmissible aux héritiers, la finale de l'article 951 décide que le droit de retour ne peut être stipulé qu'au profit du donateur seul.

La question de savoir quelles seraient les conséquences d'une stipulation de retour, faite au profit des héritiers ou d'un tiers, est très controversée.

Dans un premier système[1], on prétend annuler la donation tout entière comme entachée de substitution, et cela sans aucune distinction. « Tant que le droit de retour ne dépassera « pas ses véritables limites, tant que la stipulation n'en aura « pas été faite au profit d'autres personnes que du donateur, « il n'apportera aucun changement à la nature du contrat, « auquel il se rattache, il n'y aura qu'une donation à temps « dont l'effet devra cesser après l'époque marquée par le dispo- « sant (selon les cas prévus par l'article 951), dont la résolu- « tion s'opérera par la réversion au donateur, ainsi que « l'exprime surabondamment la clause de retour. Impossible « alors de voir une substitution dans une pareille disposition. « Elle ne renferme point de charge de rendre à un tiers; il « n'y a que deux personnes employées, le donateur et le dona- « taire. Le donateur qui stipule le retour à son profit ne peut « pas être, tout à la fois, le substituant et le substitué. Il ne « peut pas se donner à lui-même sa propre chose; il ne peut « donc pas être substitué, puisque tout substitué est donataire. « Mais, si le droit de retour est stipulé au profit d'un autre « que du donateur, c'est autre chose; alors la disposition prin- « cipale change de nature : il ne s'agit plus d'une simple dona- « tion à temps, mais d'une donation qui est faite à deux per-

1. Villargues, *Traité des substitutions prohibées*, n° 86 et suivants. Merlin. Substit. n° 10. Grenier, n° 34. Toullier, t. V, n° 287.

« sonnes successivement; il s'agit manifestement d'une substi-
« tution prohibée. »

Voilà comment Rolland de Villargues s'exprimait là-dessus, car ajoute-t-il :

« Toute charge de conserver et de rendre à un tiers imposé « à un premier gratifié, et qui ne doit avoir lieu qu'éventuel- « lement, et après la mort de ce dernier, constitue une substi- « tution prohibée. Or, cette charge se rencontre évidemment « dans la clause par laquelle un donateur stipule, qu'après le « décès du donataire, la chose retournera à un tiers. La « charge de conserver et de rendre existe ici nécessairement, « puisque, d'une part, les aliénations que le donataire pour- « rait faire ne nuira point à l'exercice du retour, et que, « d'une autre part, la chose doit être remise au tiers, sans « diminution. »

Dans un deuxième[1] système, on fait une distinction.

« Quand le donateur, dit Coin-Delisle, n'y est pas appelé, « mais seulement ses héritiers ou un tiers, la clause produit « une substitution qui annule l'acte même; quand la vocation « est à la fois au profit du donateur et d'un tiers, du vivant « même du donateur, elle produit une communication du droit « du donateur, une espèce d'association à son bénéfice per- « sonnel, qui n'est pas défendu; quand elle existe au profit du « donateur et de ses héritiers, elle ne constitue qu'une exten- « sion illicite d'une clause en partie permise, et cette exten- « sion, réputée non écrite, n'altère pas la validité de l'acte; « enfin, au profit du donateur et d'un tiers à son défaut, le « nom de retour seul existe, la chose, non : c'est une substi-

1. Coin-Delisle, sur l'art. 951. Marcade, sur l'art. 951, n° IV. Demolombe, t. I, n°s 107-112. Aubry et Rau et la majorité des auteurs. Cassat. 22 janv. 1839. S. 39, 1, 193 — et nombreux arrêts.

« tution nulle en elle-même et qui annule la disposition. »

Nous croyons, avec MM. Baudry Lacantinerie et Collin qu'en principe la clause devra toujours être considérée comme non écrite à l'égard des héritiers et des tiers[1]. En effet :

1re Hypothèse. — Le donateur a stipulé le droit de retour pour lui et ses héritiers. On ne peut évidemment pas voir là une substitution ; ce n'est pas en qualité de substitués, mais en qualité d'héritiers que ces derniers réclameront le bénéfice de la stipulation faite en leur faveur. « Lors de la donation, le « donateur s'étant réservé un droit conditionnel, c'est à ce « droit même que succéderaient ses héritiers, et c'est en vertu « de ce droit qu'ils seraient appelés à reprendre les biens « donnés. Une fois la condition accomplie, les biens donnés « sont censés n'être jamais sortis du patrimoine du donateur, « la donation est censée n'avoir jamais été faite[2]. »

2e Hypothèse. — Le retour conventionnel est stipulé au bénéfice des héritiers du donateur, sans l'être au bénéfice de ce dernier. Où est encore la substitution ? Toute substitution suppose une double libéralité ; or, dans notre cas, il n'y a qu'une seule donation faite sous condition résolutoire.

Si les héritiers du donateur recueillent les biens donnés, c'est à raison de la condition résolutoire qui atteint la donation et l'efface, ce n'est pas comme substitués[3].

3e Hypothèse. — Le droit de retenir est stipulé au profit d'un tiers ou d'un des héritiers du donateur.

1. Dans le même sens, Laurent, t. XII, 472, et Labbé.

2. Baudry et Collin, *Loc. cit.*, n° 1504, p. 616.

3. Il y a des arrêts pour et contre : pour, Cass. 8 juin 1836, S. 36, 1, 463. Montpellier, 25 avril 1844. S. 45, 2, 7 ; contre, Cassat. 22 janv. 1839, S. 39, 1193.

Presque tous les auteurs ne voient dans cette clause qu'une substitution prohibée. Comment concevrait-on, en effet, que les biens donnés fassent retour à quelqu'un qui ne les a jamais eus dans son patrimoine, ou qui tout au moins n'est pas l'héritier du donateur, et, partant, ne peut invoquer cette qualité pour prétendre ne faire qu'un avec celui-ci ?

Nous croyons que, même dans ce cas, la donation ne sera pas nulle en entier, et qu'il faudra toujours appliquer l'article 900 comme dans les cas précédents.

En effet, personne ne conteste que je puisse faire une donation sous la condition suspensive : si un tiers meurt sans enfants; personne ne conteste non plus que je puisse faire une autre donation sous la condition résolutoire : si le donataire meurt sans enfants. Alors! pourquoi ces deux donations isolément valables deviendraient-elles nulles parce qu'elles se rapporteraient toutes deux aux mêmes biens? Ainsi je donne un immeuble à Primus sous la condition résolutoire de son décès sans enfants; je donne ce même immeuble « à Secundus si Primus meurt sans enfants. Chacune de ces donations est valable séparément, pourquoi deviendraient-elles nulles parce qu'elles sont faites ensemble[1]? Pour qu'il y ait substitution il faut un ordre successif, qui n'existe pas dans notre espèce. Si le donataire meurt sans enfants l'accomplissement de la condition résolutoire anéantit rétroactivement la donation, en droit cette donation est censée n'avoir jamais été faite ; au contraire, cette même condition accomplie ouvre le droit du tiers ou de l'héritier désigné, et en vertu de l'article 1181 ce tiers est censé avoir toujours été propriétaire.

Il est bien entendu, cependant, que si les termes de la donation son tels, qu'ils fassent supposer une substitution,

1. V. note de Labbé sous Cass. 19 mars 1873. S. 74, 1, 5.

cachée sout le nom de retour, l'article 896 sera applicable, et la donation sera en conséquence nulle. Mais cela ne doit pas se présumer, et dès que la clause pourra s'interpréter dans le sens d'une condition résolutoire, c'est à cette interprétation qu'il faudra se rattacher. Le tiers ne pourra certainement pas recueillir le droit stipulé en sa faveur, mais la donation restera valable.

Ce point établi, voyons quelles sont les diverses modalités du retour conventionnel.

L'article 951 nous en indique d'abord deux :

1° Le retour peut être stipulé « pour le cas du prédécès du « donataire seul ». Aucune difficulté dans l'interprétation de cette condition; les termes sont formels, une fois le donataire prédécédé, les biens donnés feront retour au donateur.

Mais, que faudra-t-il décider si le retour avait été stipulé pour le cas du prédécès du donataire, sans ajouter le mot seul ?

Certains auteurs[1] ont enseigné que le prédécès du donataire seul ne suffirait pas, pour donner naissance au droit de retour, « parce qu'il est ordinaire, dit Grenier, que le dona« teur ait pour les enfants du donataire les mêmes senti« ments d'affection qu'il a pour celui-ci ». Et plus loin, « il ajoute : Il faut une stipulation précise, la règle est « toujours pour que la donation ait son effet en faveur du « donataire et de ses enfants; les cas où elle doit être révo« quée par l'effet du retour ne sont que des exceptions à « cette règle, et dès lors ces cas doivent être clairement ex« primés[2]. »

1. Grenier, t. I, n° 32, Vazeilles sur l'art. 951, Duranton, t. VIII, n° 491.
2. Grenier, t. I, n° 32.

Nous pensons donc avec la majorité des auteurs[1] que le prédécès du donataire seul suffirait pour ouvrir le droit au retour. Ce droit a été stipulé pour le cas du prédécès du donataire; donc, une fois le donataire prédécédé la condition est accomplie, et le droit de retour ouvert.

Il en serait de même, croyons-nous, dans le cas où le donateur aurait tout simplement stipulé le droit de retour, sans s'expliquer davantage[2].

« C'est au donataire, en effet, personnellement que la « donation est faite, à lui-même et à lui seul, point à ses « enfants; il est dès lors naturel de présumer que c'est au « donataire personnellement, à lui-même aussi et à lui « seul, que s'adressent les différentes stipulations qui l'ac- « compagnent.

« Or, la stipulation du droit de retour ayant été faite au « profit du donateur sans autre explication, est une restric- « tion conditionnelle du droit conféré au donataire lui-même; « donc, elle doit s'ouvrir en cas de prédécès du donataire, « auquel le droit n'a été concédé que sous cette condition[3]. »

2° Le deuxième cas prévu par l'article 951 est celui du retour stipulé « pour le cas du prédécès du donataire et de « ses descendants ».

Le retour ne s'opérera donc, dans ce cas, que si le donataire

1. Roussilhe, *Jurisp. des donat.*, n° 577. Toullier, t. V, n° 286. Coin-Delisle, sur l'art. 951, n° 7. Aubry et Rau, t. VI, p. 69. Demolombe, t. III, n° 499. Baudry et Collin, n° 1487, p. 614. Cassat. 10 nov. 1875. S. 76, 1, 16.

2. On a proposé aussi un moyen intermédiaire. Lebrun distingue : si la donation a été faite par un parent du donataire, surtout par un ascendant, le droit de retour ne s'ouvrira que par le prédécès du donataire et de ses descendants. Si au contraire la donation a été faite par un étranger, le droit de retour s'ouvre par le prédécès du donataire seul (Lebrun, Succ. Liv. I, ch. V, sect. II, n°s 23 et 24).

3. Demolombe, t. III, n° 500. Dans le même sens, Baudry-Lacantinerie et Collin, etc.

et ses descendants meurent avant le donateur, ou bien si le donataire seul meurt avant le donateur, mais sans laisser des descendants.

Le donateur, au lieu de stipuler le droit de retour pour le cas du prédécès du donataire *et de ses descendants*, peut stipuler ce retour pour le cas de prédécès du donataire *sans descendants*. Cette clause, différente de celle prévue par l'article 951, doit être soigneusement distinguée de celle-ci, vu que, dans ce dernier cas, la présence de descendants au moment de la mort du donataire empêche à jamais le retour de s'accomplir, alors même que ces descendants eux-mêmes prédécéderaient au donataire[1], ce qui n'aurait pas lieu dans le premier cas.

La question devient plus délicate si les descendants que le donataire laisse renoncent à sa succession. Certains auteurs[2] pensent que dans cette circonstance le droit de retour s'ouvrirait. Nous croyons, néanmoins, que la seule existence des enfants laissés par le donataire éteint le droit de retour, alors même que les enfants renonceraient à la succession. Sans doute, le pensée du donateur a été vraisemblablement que les enfants laissés par le donataire profiteraient, après le décès de celui-ci, de la donation, comme ses héritiers, et que, s'ils ne trouvaient pas dans la succession le bien donné en nature, ils y trouveraient une valeur représentative égale. Mais ce n'a pu être là qu'un motif de la donation, ce n'en a point été une condition. La seule condition stipulée c'est, au contraire, le retour des biens donnés, en cas de prédécès du donataire sans

1. Grenier, t. I. n° 31. Toullier, t. V, n° 286. Coin-Delisle, sur l'art. 951, n° 15. Marcadé, sur l'art. 951. Duranton, t. VIII, n° 491. Troplong, t. II, n° 1275. Demolombd, t. III, n° 501. Lauront, t. XII, n° 453. Baudry et Colin, n° 1499, t. I. Contra Vazeilles, sur l'art. 951, n° 6.

2. Demante, t. IV, n° 93 bis, 2. Massé et Vergé sur Zacharie.

enfants ; or, cette condition est défaillie, puisque le donataire a laissé des enfants[1].

Quant à savoir ce qu'il faut entendre par le mot descendants, nous croyons qu'il comprend tous les enfants légitimes ainsi que les petits-enfants, etc., en outre tous les enfants légitimés du donataire et même ses enfants naturels ou adoptifs ; dans le cas seulement où la reconnaissance ou l'adoption ont été faites avant la donation, et qu'en plus le donateur en ait été instruit et enfin qu'il ne ressorte pas des termes de la donation une exclusion à leur égard.

Le droit de retour s'éteint, par le prédécès du donateur ou par sa renonciation expresse ou tacite.

On a cependant contesté au donateur le droit de renoncer, en invoquant la maxime : « Quod si quis velit habere, non potest, is renuntiare non potest ». Mais cette maxime applicable aux éventualités purement légales telles que espérance de succession, prescription non encore accomplie, etc., ne peut certainement pas s'appliquer aux droits conditionnels qui font partie du patrimoine.

Passons maintenant aux effets du droit de retour.

« L'effet du droit de retour, dit l'article 952, sera de ré-
« soudre toutes les aliénations des biens donnés et de faire
« revenir ces biens au donateur, francs et quittes de toutes
« charges et hypothèques, sauf néanmoins de l'hypothèque de
« la dot et des conventions matrimoniales, si les autres biens
« de l'époux donataire ne suffisent pas, et dans le cas
« seulement où la donation lui aurait été faite par le même
« contrat de mariage duquel résultent ces droits et hypo-
« thèques. »

1. Delvincourt, t. II, p. 278, notes. Aubry et Rau VII 700. Demolombe, t. III, n° 502.

L'article 952 pose donc une règle, à laquelle il apporte lui-même une exception.

La règle posée est celle-ci : La donation avec clause de retour étant faite sous une condition résolutoire, si cette condition se réalise les choses sont mises dans le même état qu'auparavant. L'ouverture de ce droit a donc un effet rétroactif, c'est-à-dire que la résolution de la donation a lieu non seulement dans l'avenir « ex nunc », mais aussi dans le passé, « ex tunc ».

En conséquence, les biens donnés par le donateur redeviendront sa propriété francs et quittes de toutes charges et hypothèques. Toutes les aliénations, toutes les constitutions de droits réels tels que servitudes, usufruits, hypothèques, etc., émanés du donataire, tomberont en vertu de la règle « Resoluto jure dantis, resolvitur jus accipientis ».

Les tiers détenteurs ne pourront pas opposer leurs titres au donateur, à moins qu'il ne s'agisse de meubles et qu'ils réunissent les conditions voulues pour l'application du principe : « en fait de meubles, possession vaut titre. »

Bien que la loi ne le dise d'une façon formelle, il n'en est pas moins vrai que les ayants cause du donataire ne sont pas tenus de rendre les fruits perçus « pendente conditione ».

« Rien ne serait plus contraire à la raison, à l'équité, ni « par suite à l'intention évidente du donateur et du dona- « taire », dit Demolombe.

L'article 962, d'ailleurs, peut fournir un argument d'analogie. En cas de révocation d'une donation pour cause de survenance d'enfants ce texte écarte les conséquences de la rétroactivité en ce qui concerne les fruits des biens donnés. Or, dans cette hypothèse comme dans la nôtre, le droit du donataire est résolu de plein droit, et, partant, c'était la même situation qu'il s'agissait de régler.

On décide aussi, en général, que le donateur sera tenu de respecter les actes d'administration accomplis par le donataire.

La résolution du droit du donataire a lieu de plein droit et le donateur jouit pour reprendre ses biens d'une double action. Il aura une action personnelle contre les héritiers du donataire ou de ses descendants, et une action réelle en revendication contre les tiers détenteurs. Ces deux actions se prescriront par un délai de trente ans qui courra pour la première du jour de l'ouverture du droit de retour, pour l'autre du jour où les tiers seront entrés en possession. Toutefois ces derniers pourront se prévaloir de la prescription de dix à vingt ans s'ils possèdent de bonne foi et en vertu d'un juste titre.

Tous les effets de l'exercice du droit de retour, dont nous avons parlé jusqu'à présent, ont lieu lorsque les parties ne les ont pas modifiées, car elles ont le droit par des clauses particulières d'en atténuer la rigueur.

L'article 952 apporte d'ailleurs, lui-même, une exception indépendante de toute stipulation des parties. Cette exception est relative à l'hypothèque légale de la femme du donataire, pour sa dot et ses conventions matrimoniales.

Cette hypothèque, continue, en effet, d'affecter subsidiairement les immeubles donnés, malgré l'ouverture du droit de retour, lorsque la donation a été faite dans le contrat de mariage.

Le législateur a considéré, très justement, que la donation faite au futur mari par le contrat de mariage même, a pour but de favoriser ce mariage et que la femme, malgré le droit de retour, a dû compter sur ces biens pour la garantie de sa dot et de ses conventions matrimoniales.

Mais, pour que l'hypothèque légale continue à grever les biens qui font l'objet du retour il faut que trois conditions soient réunies :

1° Il faut d'abord que la donation ait été faite dans le contrat de mariage du donataire.

2° Il faut qu'il s'agisse pour la femme du recouvrement de sa dot ou de ces conventions matrimoniales, résultant pour elle du contrat de mariage dans lequel la donation a été faite. Elle ne pourrait nullement exercer son hypothèque sur les biens en question, s'il s'agissait du recouvrement d'autres créances qu'elle aurait contre son mari.

3° Il faut enfin que les biens du mari soient insuffisants pour assurer à la femme le paiement desdits droits. Une discussion des biens du mari sera donc nécessaire avant que la femme puisse exercer son hypothèque sur les biens donnés, et encore cet exercice lui sera refusé si l'insuffisance des biens du mari provient de son fait, comme par exemple si elle a renoncé à son hypothèque légale sur les biens du mari en faveur d'un des créanciers de celui-ci.

A ces trois conditions on pourra ajouter une quatrième : c'est que le donateur n'ait pas stipulé par une clause expresse que, en cas de retour, les biens lui reviendraient francs et quittes de toute hypothèque du chef du donataire même de l'hypothèque légale de sa femme.

Nous avons ainsi terminé l'examen du droit de retour conventionnel, et en même temps celui des applications de la règle : « Donner et retenir ne vaut » qui fait l'objet de notre étude.

Il ne nous reste qu'à citer ce que la loi appelle des exceptions au principe d'irrévocabilité, savoir : « La donation entre « vifs ne pourra être révoquée que pour cause d'inexécution

« des conditions sous lesquelles elle aura été faite, pour cause « d'ingratitude et pour cause de survenance d'enfants. » (Art. 953.)

Nous ne voyons dans ces trois cas de révocation que l'application du principe général, que toute convention soumise à une condition résolutoire expresse ou tacite est résolue de plein droit ou devient du moins judiciairement résoluble par l'arrivée de cette condition.

L'étude de l'article 953 ne rentre donc pas dans le cadre de notre sujet, que nous pensons en conséquence avoir terminé.

VU :

Le Président de la thèse,

SALEILLES.

VU :

Le Doyen,

GLASSON.

VU ET PERMIS D'IMPRIMER :

Le Vice-Recteur de l'Académie de Paris,

GRÉARD.

41963. — Paris, Imprimerie LAHURE, 9, rue de Fleurus.

www.ingramcontent.com/pod-product-compliance
Ingram Content Group UK Ltd.
Pitfield, Milton Keynes, MK11 3LW, UK
UKHW021519090726
13657UKWH00001B/330

9 782019 237103